KB106042

돈의 흐름이 보이는
회계 이야기

돈의 흐름이 보이는 회계 이야기
Story of money and accounting

초판 발행 · 2019년 12월 24일
초판 7쇄 발행 · 2024년 3월 25일

지은이 · 구상수
발행인 · 이종원
발행처 · (주)도서출판 길벗
출판사 등록일 · 1990년 12월 24일
주소 · 서울시 마포구 월드컵로 10길 56(서교동)
대표전화 · 02)332-0931 | **팩스** · 02)323-0586
홈페이지 · www.gilbut.co.kr | **이메일** · gilbut@gilbut.co.kr

담당 · 박윤경(yoon@gilbut.co.kr) | **디자인** · 박상희
마케팅 · 정경원, 김진영, 김선영, 최명주, 이지현, 류효정 | **유통혁신** · 한준희
제작 · 이준호, 손일순, 이진혁, 김우식 | **영업관리** · 김명자, 심선숙, 정경화 | **독자지원** · 윤정아

편집진행 및 교정 · 김혜영 | **전산편집** · 김정미 | **CTP 출력 및 인쇄** · 북토리 | **제본** · 신정문화사

ISBN 979-11-6521-007-6   03320
(길벗 도서번호 070323)

정가 16,000원

· ·

독자의 1초까지 아껴주는 길벗출판사

(주)도서출판 길벗 | IT교육서, IT단행본, 경제경영, 교양, 성인어학, 자녀교육, 취미실용 www.gilbut.co.kr
길벗스쿨 | 국어학습, 수학학습, 어린이교양, 주니어 어학학습, 학습단행본 www.gilbutschool.co.kr

돈의 흐름이
보이는

구상수 지음

회계 이야기

길벗

읽다 보면, 어느새 회계에 스며든다

회계는 곧 기업의 언어이다

최고의 투자가로 손꼽히는 워런 버핏은 회계를 기업의 언어라고 말한다. 회계라는 언어를 배워야 기업을 이해하고 그 가치를 제대로 평가할 수 있다는 뜻이다. 언어라는 것은 본질적으로 배우기가 무척 어렵다. 학생시절부터 성인이 될 때까지 십수 년 동안 배워도 감히 정복했다고 말하기 어려운 것이 바로 언어다. 기업의 언어라고 불리는 회계 또한 마찬가지다. 관심을 가지고 있거나 필요로 하는 사람들은 많지만, 들여야 하는 노력과 투입해야 하는 시간을 알기에 배우고자 마음먹는 사람은 많지 않고, 막상 배우기 시작했다 하더라도 중도에 포기하는 사람 역시 부지기수다. 회계라는 기업의 언어를 배우지 못하거나 혹은 배우지 않는 이유가 바로 여기에 있다.

교양으로 읽는 세상에서 제일 재미난 회계 이야기

회계를 언어로서 배우기 시작하면 딱딱하고 지루한 단어들을 외우고 구문들을 익히는 데 많은 시간을 들여야 한다. 그 대신 이 책은 역사, 경제, 인물 등과 관련한 다양한 상식들을 통해 회계를 좀 더 쉽게 이해할 수 있도록 했다. 재미있는 이야기들을 교양도서처럼 읽다 보면 어느새 회계 속에 깊이 스며들게 되고, 그 과정에서 회계 지식 또한 배양되어 있는 자신의 모습을 발견할 수 있을 것이다.

회계 인생을 집약한 한 권의 책

특히 이 책은 필자가 회계를 막 배우기 시작하는 분들을 대상으로 기업체 등에서 강의하면서 하나하나 모은 내용을 집약한 결과물이다. 기획에서부터 시작하면 10년, 제대로 쓰기 시작한 시점부터 따져도 거의 5년이라는 시간이 걸렸다. 그럼에도 필자의 박약한 지식으로 인해 더 재미있는 책이 되지 못한 것에 대한 부끄러움과 짧은 필력으로 인해 더 쉽게 쓰지 못한 것에 대한 아쉬움은 여전히 남아 있다. 다만, 수년간의 노력이 집약된 책인 만큼 회계에 전혀 관심이 없었던 일반 독자들에게 이 책이 회계를 이해하는 데 조금이나마 도움이 되었으면 하는 바람이다.

이 책이 세상의 빛을 보게 된 데는 많은 분들의 도움이 있었다. 초고를 읽고 촌철살인과 같은 코멘트를 해 주신 박해규 회계사님과 정병수 회계사님, 이 책의 마무리 감수를 흔쾌히 맡아주신 이윤상 회계사님께 깊이 감사드린다. 또한, 회계를 잘 모르는 일반인의 시각에서 이해하기 어려운 단어와 내용들을 하나하나 세심하게 지적해 주신 구민준, 김건, 김인선, 박은식, 신근영, 진은정님에게도 특별히 감사 인사를 전한다. 그리고 항상 신뢰와 응원을 보내주는 가족들에게도 이 책으로 고마운 마음을 대신하고자 한다. 마지막으로 저자의 졸저가 세상에 나올 수 있도록 모든 지원을 아끼지 않으신 도서출판 길벗의 모든 임직원 및 관계자분들에게도 감사를 표한다.

구상수

첫째마당

'로이드 커피하우스'로 만나는 회계의 기초 _____058

셋째마당

기업의 성과는
회계로 측정한다
208

넷째마당

알아두면 고수가 되는
회계지식

262

다섯째마당

의사결정의 역사를 바꾼 회계 이야기

306

역사 여행을 통해
회계의 바다에 빠지다

돈의 흐름이 보이는 회계 이야기

인류는 회계를 위해
문자를 만들었다

01

B.C. 3000년 직전의 몇 세기에 걸쳐 회계기술이 발달하면서
최초의 문자 체계가 형성되었다.
— 재레드 다이아몬드, 《총, 균, 쇠》 중에서

인류 역사상 가장 위대한 발명품은 단연코 문자일 것이다. 인류는 문자를 통해 정보를 공유하고, 지식을 습득하며, 역사를 기록해 왔다. 문자는 인류가 지금과 같은 문명사회를 이룩하는 데 가장 큰 역할을 했다. 그런데 이런 문자가 사실은 회계 때문에 생겨났다고 하면 믿어지는가?

인류가 최초로 사용한 문자는 물표物標였다. 물표는 물건을 표시하는 기호를 작은 진흙덩이에 표시한 것이다. 주로 가축의 숫자, 곡식의 단위와 수량, 인간의 노동력(남녀 노예 등) 등을 기록하는 데 사용했다. 신석기혁명으로 농업이 정착되면서 거래가 점차 활발해지자 더 이상 기억에만 의존해 거래하기는 힘들어졌다. 이때부터 사람들은 회계정보를 기록하기 위해 물표를 이용하기 시작했다.

영국의 교육전문지 편집장이자 유명 저널리스트인 앤드류 로빈슨은 저서 《문자 이야기》에서 문자가 오래전 물표를 사용했던 회계방식에서부터 발전해 나왔다고 주장했다. 고대 메소포타미아 지역의 수메르인들은 회계를 기록할 목적으로 기원전 8000년경부터 3000년경까지 약 5,000년

간 물표를 사용했다.

거래가 복잡해지면서 물표 사용만으로는 한계에 부딪히자 수메르인들은 최초의 문자인 쐐기문자를 만들어냈다. 쐐기문자는 갈대 등으로 만든 뾰족한 필기구로 점토판에 새기듯이 기록하는 문자다. 재레드 다이아몬드는 저서 《총, 균, 쇠》에서 수메르인들이 회계정보를 기록

▲ 수메르인들이 사용한 물표 ⓒ루브르박물관

하기 위해 쐐기문자를 발명했다고 주장했다. 수메르인들은 기원전 3000년 직전 몇 세기에 걸쳐 회계기술을 발달시키면서 최초의 문자 체계를 형성했다. 문자의 탄생 덕분에 단순한 숫자의 기록을 넘어 좀 더 복잡한 회계정보를 기록할 수 있게 된 것이다.

▲ 기원전 3300년경 최초의 문자점토판

▲ 기원전 2600년경 발달한 쐐기문자

인류의 가장 위대한 발명품인 문자는 사실 회계정보를 기록하기 위해 만들어졌다. 이 사실은 인류 역사에서 회계가 얼마나 큰 비중을 차지하는지, 회계정보의 기록과 보존이 얼마나 중요한지를 단적으로 보여준다.

인류 역사 최초의 이름 쿠심, 그는 회계사였나?

02

> 역사에 기록된 최초의 이름이 예언자나 시인, 위대한 정복자가 아니라
> 회계사의 것이라는 점은 시사하는 바가 크다.
> ― 유발 하라리, 《사피엔스》 중에서

인류 역사에 최초로 기록된 이름은 무엇이었을까? 기원전 2600년경 수메르인이 만든 '쿠심 점토판'에 따르면 현재까지 알려진 인류 최초의 이름은 '쿠심'일 것으로 추정된다.

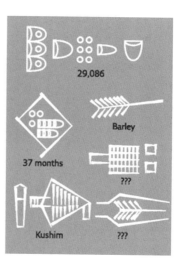

^ 기원전 2600년 전 것으로 추정되는 쿠심 점토판(Kushim's signature) ©erenow.com

16

쿠심 점토판에는 회계정보가 담겨 있다. 점토판에는 보리의 양(2만 9,086 자루, 약 13만 5,000리터), 회계기간(37개월) 그리고 이 거래의 책임자로 추정되는 쿠심이라는 단어와 그 외에 뜻을 파악할 수 없는 단어 두 개가 기록되어 있다. 여러 점토판에서 등장하는 것으로 미루어볼 때 쿠심은 사람 이름 또는 관직명이었을 가능성이 높다.

《사피엔스》의 저자 유발 하라리는 쿠심 점토판이 '37개월에 걸쳐 보리 2만 9,086자루를 받았다. 서명자는 쿠심'이라는 회계정보를 담고 있고, 쿠심은 이 거래를 확인한 회계사였을 가능성이 높다고 주장했다. 반면《문자 이야기》의 저자 앤드류 로빈슨은 쿠심 점토판을 일정한 시점의 재무상태를 나타내는 '대차대조표'의 요약으로 보고, 쿠심을 이 거래를 책임지는 관리의 이름으로 보았다. 쿠심이 회계사였는지 혹은 회계를 담당하는 관리였는지, 그도 아니면 관직명이었는지는 정확히 알 수 없다. 하지만 적어도 회계기록을 승인하거나 확인할 만한 위치에 있는 사람 또는 관직이었을 가능성이 높다.

인류 역사에 최초로 기록된 이름 쿠심. 그는 종교를 관장하는 제사장도, 전설적인 영웅도, 정복자인 왕도 아니었다. 유명한 철학자나 명망 있는 시인도 아니었다. 그저 회계정보를 관장하는 사람이었을 뿐이다. 인류 최초의 이름이 회계전문가의 것이었다는 사실 또한 회계가 인류 역사에서 얼마나 중요한 위치에 있었는지를 다시 한번 일깨워준다.

| 대차대조표 | 아리송한 회계용어

대차대조표는 특정한 시점(월말, 분기말, 반기말 또는 연말)의 '자산, 부채 및 자본이 얼마나 있는지를 알려주는 표'다. 현재는 대차대조표 대신 재무상태표라고 한다.

회계가 역사의 흐름을 바꾸다

03

회계를 전반적인 문화의 일부로서
이용할 줄 알았던 사회는 번성했다.
— 제이컵 솔,《회계는 어떻게 역사를 지배해왔는가》중에서

미국의 역사학자 제이컵 솔의 저서《회계는 어떻게 역사를 지배해왔는가》는 우리가 알고 있는 역사적 사건의 배경에 회계가 얼마나 깊숙이 발을 담그고 있는지를 잘 보여준다. 그는 책에서 로마, 스페인, 프랑스 등 세계를 호령한 국가들의 역사가 회계로 인해 어떻게 바뀌었는지를 설명하고 있다.

∧ 로마의 정치가 겸 저술가였던 키케로(기원전 106~43)

∧ 카이사르의 부하였던 안토니우스(기원전 83~30)

∧ 카이사르의 양자이자, 로마의 초대황제였던 옥타비아누스(기원전 63~14)

천년 제국 로마가 번성하는 데는 회계도 한 축을 담당했다. 로마공화정 초기에는 회계감사 집단이 국가재원을 관리했다. 안토니우스가 집권하면서 회계장부에 조작이 만연하자 키케로는 부실회계 문제를 지적하며 회계장부 공개를 요구했다. 그러나 받아들여지지 않았고 키케로는 결국 안토니우스에게 머리가 잘리고 말았다. 이후 옥타비아누스가 안토니우스를 물리치고 황제의 자리에 오르면서 로마제국의 회계는 질서를 되찾았다. 옥타비아누스는 황제가 된 이후에도 손수 회계장부를 작성할 정도로 회계관리에 관심을 기울였다.

스페인의 회계관리는 어땠을까? 무적함대를 앞세워 '해가 지지 않는 나라'이자 '일곱 바다의 지배자'로 불리던 스페인은 펠리페 2세 시절 그 영광을 잃었고, 이후 예전의 영광을 되찾지 못했다. 펠리페 2세는 서류왕으로 불릴 만큼 모든 서류를 직접 검토했지만, 아이러니하게도 회계기록에는 관심을 두지 않았고 재무에도 무지했다. 국가 회계가 제대로 관리되지 않은 상태에서 치른 여러 번의 전투는 스페인을 파산으로 내몰았다.

회계관리가 탄탄하지 않은 채로 스페인의 무적함대는 영국 원정을 강행했다. 원정에 필요한 재원조달 및 운영, 선박의 유지보수 및 일지기록 등의 회계관리가 미숙한 상태에서 강행한 원정은 재앙을 초래했다. 스페인은 무적함대의 패배로 바다의 지배자 자리를 영국에 내주었고, 이후 회계개혁마저 실패해 결국 재정혼란의 늪에서 헤어 나오지 못했다.

∧ 스페인 무적함대와 영국 함대, 1588

∧ 펠리페 2세(1527~1598)

프랑스도 회계로 빛과 어둠을 경험했다. 루이 14세는 23세가 되던 1661년 세계에서 가장 부유한 나라인 프랑스의 실질적인 통치자가 된 후 1715년 사망할 때까지 50년 넘게 프랑스를 다스렸다. 그의 정치인생은 재무총감이었던 콜베르의 사망전후로 나뉜다고 해도 과언이 아니다. 콜베르는 프랑스의 재무총감이자 루이 14세의 회계스승으로, 국왕에게 회계를

∧ 장 밥티스트 콜베르(1619~1683)

∧ 루이 14세(1638~1715)

가르치고 국정운영에 회계를 이용하도록 한 인물이다. 루이 14세는 그에게 정기적으로 회계정보를 보고 받았고, 그의 영향으로 항상 회계장부를 지니고 다녔다. 그러나 1683년 콜베르가 사망한 뒤부터 루이 14세의 관심은 회계에서 멀어졌다. 이후 프랑스는 재정 위기를 겪게 되었고, 피폐해진 민심은 결국 1789년 프랑스혁명의 도화선이 되었다.

제이컵 솔은 저서 《회계는 어떻게 역사를 지배해왔는가》에서 국가의 지도자가 국정을 운영할 때 회계 및 재무에 얼마나 많은 관심을 기울이느냐에 따라 국가와 사회의 번영과 몰락이 좌우된다고 지적했다.

회계의 투명성과 책임이 대중의 호응과 지지로 이어질 때 사회적으로 진보와 번영이 이루어졌다는 사실은 현시대의 위정자와 국민 모두에게 귀한 교훈을 선사한다.

법인은 존재한다, 고로 회계한다

> 만일 내가 지구와 화성 사이에 찻주전자 하나가 타원 궤도로 태양 주위를 돌고 있다고 주장하고, 이 찻주전자는 너무나 작아서 가장 좋은 망원경으로도 볼 수 없다고 한다면 아무도 내 주장을 반증하지 못할 것이다.
> — 버트런드 러셀, 영국 철학자

유발 하라리는 저서 《사피엔스》에서 사람들이 친밀하게 뒷담화를 하며 결속할 수 있는 규모는 150명 정도라고 했다. 이 말은 곧 150명이 넘는 사람들을 조직화하기는 매우 어렵다는 뜻이다. 그런데 호모 사피엔스는 어떻게 150명이라는 뒷담화 조직의 임계치를 넘어 수천, 수만, 수억의 조직체 또는 국가를 건설할 수 있었을까? 유발 하라리는 '허구에 대한 믿음'에 그 비밀이 있다고 보았다. 인간은 서로 모르는 사이라 하더라도 종교, 민족, 국가 등에 대한 믿음이 있으면 조직화될 수 있기 때문이다.

인간이 만든 법률이 '허구에 대한 믿음'을 강제하는 경우도 있다. '법인'이 여기에 해당한다. 법인의 영어 'corporation'은 몸을 뜻하는 라틴어 'corpus'에서 왔다. 법률이 법인이라는 허구의 대상에게 '몸'을 부여함으로써 법인은 마치 살아서 존재하는 것처럼 인정받는다. 실체를 인정받은 법인은 스스로 은행계좌를 열고, 부동산을 소유하며, 소송할 수 있는 당사자가 된다.

그러나 법인이 태어나는 것을 누구도 본 적이 없고 이는 법인이 사라질 때도 마찬가지다. 누구도 법인을 실제로 본 적이 없지만, 모든 이가 법인이 존재한다고 믿는다. 버트런드 러셀의 말처럼 조그만 찻주전자 하나가 지구와 화성 사이를 돌고 있다고 하면 허구라며 아무도 믿지 않는다. 그러나 이것을 고대의 역사책에서 계속 언급하고 일요일마다 종교단체에서 신성한 진리로 가르치면, 허구가 믿음으로 바뀌면서 그 존재를 부정하기 어려워진다.

법인도 마찬가지다. 아무도 그 모습을 본 적은 없지만, 인간이 만든 세상은 법인이라는 '허구에 대한 믿음'을 인정하고 법률로 이러한 믿음을 강제한다. 모두가 법인의 존재를 인정하는 것이다.

회계의 세상에도 '법인'은 실제로 존재한다. 보다 정확하게 말하면 법률이 법인에게 '몸'을 부여하여 사람들로 하여금 법인이 실제로 존재한다고 믿도록 강제한다. 법인이 실제로 존재하지 않으면 회계를 할 수 없다. 사람과 마찬가지로 '몸'을 가진 실체로 인정받아야만 회계의 주체로서 자본을 가지고 사업을 시작하고, 돈을 빌리거나 빌려주는 계약서에 사인하며, 물건을 팔아 재산을 축적한 후 주주들에게 배당금을 나눠줄 수 있다. 즉, 회계의 세상에서도 사람들이 실제로 믿어야만 법인은 존재할 수 있다.

법인은 존재한다. 고로 회계한다.

| 법인, 회사, 기업? |

아리송한 회계용어

법인은 인간이 아니지만 법률로부터 인격을 부여받아 존재하는 실체를 말한다. 영리활동을 하는 법인은 회사라고 하고, 영리활동을 하지 않는 법인은 비영리법인이라고 한다. 한편, 기업이란 이윤을 추구하는 경제주체를 말한다. 기업은 주체에 따라 개인기업 또는 법인기업으로 나뉜다.

회개하는 인간,
회계하는 기업

> 회개는 영원의 궁전을 여는 황금 열쇠다.
> — 존 밀턴, 영국 시인

사람들이 잘못을 뉘우치고 종교에서 요구하는 삶을 살아가려면 회개라는 절차가 반드시 필요하다. 회개가 없으면 사람들이 종교의 영역에 계속 머무르지 않을 가능성이 높기 때문이다. 그래서 회개라는 단어에는 '뉘우친다'는 뜻뿐만 아니라 '돌아선다'는 의미도 있다. 굳이 신과 연관 짓지 않더라도 인간에게 회개는 지난 시간에 자신이 한 행위들이 스스로 정한 삶의 기준에 비추어 어땠는지 돌아보는 계기가 되고, 앞으로 나아갈 방향을 정하는 첫걸음이 된다.

종교의 영역에서 회개가 반드시 필요하듯이, 기업이 존속하기 위해서는 회계를 통해 성과를 측정하고 관리하는 절차가 필요하다. 경영학의 아버지로 불리는 피터 드러커가 남긴 "측정하지 못하면 관리하지 못한다."라는 말은 기업 입장에서 볼 때 회개와도 같다. 기업은 월별,

∧ 프란시스코 고야, 〈참회하는 성 베드로〉, 1825

분기별, 연도별로 목표를 세우고 이를 달성하기 위해 노력한다. 그리고 과거에 세운 목표를 달성했는지, 앞으로 어떻게 해야 하는지를 알려면 '회계를 통한 성과 측정'이 반드시 필요하다.

기업은 어떠한 숫자들을 측정하고 관리할까? 기업의 회계활동은 크게 재무회계, 세무회계, 관리회계로 나뉜다. 각각의 특징과 차이점을 살펴보면 다음과 같다.

재무회계

재무회계는 재무정보를 파악하기 위한 회계다. 일정한 기간에 돈을 얼마나 벌었는지, 일정한 시점에 자산이 얼마나 남아 있는지 등을 파악하는 것이 목적이다. 재무정보를 파악하기 위해 손익계산서와 재무상태표 등 재무제표를 작성하여 정보이용자에게 제공하는 것이 재무회계의 주된 영역이다. 이 책에서 주로 다루는 분야는 재무회계에 가깝다.

세무회계

세무회계는 세금을 계산하기 위한 회계다. 개인이나 법인이 사업활동으로 돈을 벌면 국가에 세금을 내야 한다. 법인이 얻은 소득에 대해 내는 세금을 법인세, 개인의 소득에 대해 내는 세금을 소득세라고 한다. 매년 법인세 또는 소득세를 얼마나 내야 하는지를 계산하는 것이 세무회계다. 재무회계와 세무회계의 기준은 동일하지 않다. 예를 들어, 접대비의 경우 재무회계에서는 지출금액에 상관없이 모두 비용으로 인정한다. 반면에 세무회계에서는 과도한 접대비 지출을 규제하기 위해 일정한 한도를 넘는 접대비는 비용으로 인정하지 않는다. 이러한 기준과 방식의 차이로 인해 기업에는 재무회계 외에 세무회계가 별도로 필요하다.

관리회계

　관리회계는 조직의 경영자가 의사결정을 내리는 데 필요한 회계정보를 파악하기 위해 하는 회계를 말한다. 재무회계는 과거지향적이지만, 관리회계는 미래지향적이다. 재무회계는 과거 일정 기간의 경영성과와 일정 시점의 재무상태를 보여준다. 반면에 관리회계는 제품을 만드는 데 원가가 얼마나 투입됐는지 파악한 후 제품의 판매가격을 얼마로 정해야 이익이 날 것인지를 측정하고, 회계정보를 토대로 향후 사업을 어떻게 끌고 갈 것인지와 같은 의사결정을 하는 분야를 말한다.

　기업은 재무회계, 세무회계, 관리회계를 통해 항상 성과를 측정하고 관리한다. 기업이 하는 회계활동은 인간이 하는 회개와 비슷하다. 인간이 회개를 통해 과거의 잘못을 참회하고 반성함으로써 종교의 영역에 계속 머물 계기를 찾듯이, 기업들은 회계를 통해 과거의 성과를 측정하고 관리하는 방식으로 존속할 동력을 얻는다.

06

후추전쟁의 선봉장
계속기업

중국보다 동쪽에 황금의 나라가 있는데,
그곳 사람들은 후추를 물 쓰듯 한다.
— 마르코 폴로,《동방견문록》중에서

후추는 향신료의 왕으로 불린다. 고기의 맛을 살리기 위해서는 후추가 필수적이다. 온대 기후인 유럽에서는 열대 지방에서 나는 향신료가 귀했기에* 중세 유럽의 여러 나라는 후추무역을 장악하기 위해 안간힘을 썼다.

∧ 식탁 위의 검은 황금, 후추　　　　　　∧ 바스코 다 가마(1469~1524)

---

* 　중세 유럽에서는 후추 한 줌이 돼지 15마리, 노예 1명, 승마용 말 3마리, 사파이어 반지 2개, 석공 장인의 1년치 월급 중 하나와 맞바꿀 정도로 비쌌다(문갑순, 2018).

1497년 포르투갈의 항해자 바스코 다 가마가 인도에서 후추를 가지고 돌아오는 데 성공하면서, 기존에 베네치아가 장악했던 유럽 후추시장에 전쟁의 서막이 올랐다. 이후 마젤란의 스페인 함대 또한 동인도항로를 찾으면서 후추전쟁은 포르투갈과 스페인 사이의 싸움으로 번졌다.

영국과 네덜란드는 후추전쟁에서 후발주자였다. 그러나 스페인의 무적함대가 영국에게 패하면서 이후 후추를 찾기 위한 동인도항로의 주인공은 영국과 네덜란드로 바뀌었다.

∧ 영국 동인도회사

∧ 네덜란드 동인도회사

후추무역을 위해 배를 띄우려면 많은 돈이 필요했다. 여러 투자자들로부터 돈을 투자받아야 했고, 그런 만큼 투자자들을 보호하기 위한 장치도 요구됐다. 이러한 필요성에서 만든 조직체가 바로 회사다. 회사를 처음 만든 나라는 영국이었다. 1595년 네덜란드가 동인도항로를 개척하자 1599년 가을 런던시장에서는 후추 값이 폭등했다. 분노한 상인들은 영국 여왕에게 회사 설립을 위한 허가와 동방무역의 독점권을 요구했고, 1600년 12월 31일 마침내 최초의 회사인 영국 동인도회사가 설립되었다. 이에 위협을 느낀 네덜란드도 1602년 3월 동인도회사를 설립했다.

회사 설립에서는 영국이 빨랐지만 후추전쟁에서 앞선 나라는 네덜란드였다. 그 배경에는 회계처리 방식의 차이가 있었다. 영국 동인도회사는 항해를 떠날 때마다 자금을 모으고, 후추를 가지고 돌아와 팔아서 얻은 수익을 분배한 뒤에는 회사를 청산하는 방식으로 운영됐다. 즉, 한 번 항해할 때마다 회사를 설립했다가 청산하는 방식이었다. 반면에 네덜란드 동인도회사는 영구히 존재하는 것으로 인정받은 최초의 주식회사였다.* 주주들은 회사로부터 수익을 분배(배당) 받거나, 회사 주식을 제3자에게 파는 방식으로 수익을 실현했다.

영국 동인도회사의 경우 한 번이라도 항해에서 실패하면 그 항해에 투자한 사람들은 모두 파산할 수밖에 없었다. 그러나 네덜란드 동인도회사는 영구히 존재하기 때문에 이번 항해에 실패하더라도 다른 항해에서 번 돈으로 배당할 수 있어 보다 안정적으로 기업활동을 할 수 있었다.

이러한 회사의 영속성이 가져온 투자의 안정성 덕분에 네덜란드 동인도회사는 안정적으로 운영되었고, 이것은 후추전쟁 초창기에 네덜란드가 영국을 앞서나가는 데 중요한 역할을 했다. 이후 영국도 네덜란드처럼 회사의 영속성을 인정했다.

이렇듯 회사가 영구히 존재하면서 경영활동을 계속할 것으로 보는 것을 회계에서는 계속기업이라고 한다. 기업이 계속된다는 가정하에 회계처리를 한다는 뜻이다.

중세 모험기업의 경우 1회의 투자만으로 투자자본과 이익을 회수하는

---

* 실제로 네덜란드 동인도회사는 1602년부터 1799년까지 약 200년이나 존립했다(아사다 미노루, 2004).

것이 일반적이었기 때문에 계속기업의 가정이 불필요했다. 하지만 현대 회계에서는 기업이 계속 존재한다는 가정하에 회계기준, 회계절차, 회계 방법을 결정한다.

| 주식회사 |

아리송한 회계용어

주식회사는 법률에 의해 인격을 부여받은 법인이면서 영리활동을 하는 회사다. 주주들은 주식회사에 돈(자본금)을 투자하고 그 징표로 주식을 받는다. 주식회사의 특징 중 하나는 주주들이 자기가 투자한 돈만 책임지면 된다는 것이다. 즉, 회사가 망해도 주주들은 자기가 투자한 돈만 손해 보면 되고, 회사가 제3자에게 진 빚에 대해서는 추가로 책임을 지지 않는다. 별도의 법인격, 주주의 유한책임, 주식의 자유로운 양도 등이 주식회사의 특징이다.

07

술은 다 팔았는데 남는 게 없다니
총액주의

깊은 물보다 얕은 잔에 더 빠져 죽는다.
— 한국 속담

회계는 기록의 역사다. 여러 경제주체들과 거래한 것을 기록하고, 이를 토대로 손익과 재무상태를 파악하여 정보이용자에게 제공하는 것이 목표다. 그렇기에 회계는 기록에서 출발한다. 특히 빠짐없이 기록하는 것이 중요하다. 이를 위해 회계에서는 '총액주의'를 채택하고 있다. 총액주의란 회계거래의 모든 항목을 각각 따로 표시해서 작성하는 것을 말한다. 막걸리 장수와 동동주 장수의 이야기를 통해 총액주의에 대해 좀 더 알아보자.

옛날에 막걸리 장수가 막걸리 한 동이를 지고서 팔러 나섰다. 이른 아침부터 이 동네, 저 동네 돌아다녔지만 한 잔도 못 팔았다. 해가 중천에 뜨자 날도 덥고 다리가 아파서 나무 그늘에서 잠시 쉬기로 했다. 그때 마침 동동주 장수도 그 자리에 쉬러 왔다. 서로 비슷한 처지라 하소연하다 보니 막걸리 장수는 문득 술 생각이 났다. 자기 술은 팔 것이라 차마 마실 수 없어 주머니에 있던 1,000원을 주고 동동주를 한 잔 사 마셨다. 그걸 보고 동동주 장수도 마음이 동해 막걸리 장수에게 받은 1,000원으로 막걸리 한 잔을 사 마셨다. 그런데 한 잔으로는 성에 차지 않았다. 둘은 1,000원을 하루 종일 주거니 받거니 하면서 각자 동이의 술 100잔을 다 비웠다. 둘 다 거나하게 취해서 생각해 보니, 술 한 동이를 한 방울도 안 남기고 다 판 셈이라 횡재를 한 게 아닌가? 두 사람은 싱글벙글 좋아하며 돌아갔다.

과도한 음주가 낳은 치명적 의사결정 오류를 지적한 이야기다. 여기서 잠깐, 막걸리 장수는 집에 돌아가 정신을 차린 뒤 오늘 술장사한 것을 어떻게 회계처리 해야 할까?

막걸리 한 동이는 집에서 만들었기 때문에 비용이 전혀 들지 않았다고 가정해 보자. 술을 다 팔고 나서 주머니에 남아 있는 것이라고는 원래부터 가지고 있던 1,000원뿐이니 이익도, 손해도 없다. 재산상태에 아무런 변동이 없었으니 회계처리를 하지 않아도 될까?

그렇지 않다. 회계에서는 총액주의를 따르므로 일어난 거래는 모두 회계처리 해야 한다. 총액주의에 따라 막걸리 장수의 오늘 하루 거래내역과 손익을 분석해 보면 다음과 같다.

막걸리 장수의 일일 손익계산서

막걸리 매출액	10만원(= 막걸리 100잔 X 1잔당 1,000원)
막걸리 제조비용	0원
막걸리 판매로 인한 이익	10만원
동동주 구입비용 지출	10만원(=동동주 100잔 X 1잔당 1,000원)
일일순이익	0원

막걸리 장수가 오늘 하루 번 돈이 하나도 없다며 아무런 회계처리도 하지 않을 경우, 마치 막걸리를 하나도 팔지 않은 것으로 오해할 소지가 있다. 반면에 총액주의에 따라 회계처리를 할 경우, 막걸리 장수가 막걸리를 다 팔긴 했지만 그 돈으로 동동주를 사먹었다는 것을 명확하게 알 수 있다.

이처럼 회계정보를 순액으로 표시하면 부정확한 정보로 인해 정보이용자들이 잘못된 의사결정을 할 우려가 있다. 따라서 회계처리는 자산과 부채를 서로 소멸시키지 않고, 수익과 비용을 모두 총액으로 표시해야 한다. 이것이 총액주의이며 회계처리는 총액주의에 따르는 것이 원칙이다.

| 손익계산서 |

손익계산서란 일정한 회계기간(월, 분기, 반기 또는 연간)에 얼마나 팔았고, 비용이 얼마나 들었으며, 얼마나 이익을 남겼는지, 손해가 나지는 않았는지 등을 나타내는 표다.

08

매는 먼저 맞고 사탕은 천천히 먹는다
보수주의

나쁜 소식은 빨리 퍼져야 한다.
— 빌 게이츠, 《빌 게이츠 @ 생각의 속도》 중에서

'매도 먼저 맞는 것이 낫다'는 속담이 있다. 매를 늦게 맞을 경우 먼저 매 맞는 아이들이 고통스러워하는 것을 보면서 공포에 떨어야 하고, 자기 차례가 되어 매를 맞을 때 또다시 아픔을 견뎌야 한다. 이처럼 나중에 매를 맞으면 공포와 고통을 모두 느껴야 하지만, 먼저 맞으면 공포를 최대한 줄일 수 있다. 따라서 선택할 수 있다면 매는 빨리 맞는 것이 좋다.

회계의 세상에서도 매를 먼저 맞는 것을 선호한다. 이것을 '보수주의'라고 한다. 보수주의란 비용은 최대한 빨리, 부채는 최대한 많이 반영하고, 수익은 최대한 천천히, 자산은 최대한 적게 인식하는 회계처리성향을 말한다.

기업의 회계처리는 회계처리기준에서 정한 원칙에 따라야 하므로 보수주의는 회계처리기준 또는 원칙이라고 보기 어렵다. 다만, 현행 회계처리기준이나 원칙 중에는 보수주의적 성향에 기초하여 부채는 최대한 빨리, 자산은 최대한 적게 인식하는 방향으로 처리하는 것들이 있다.

예를 들어, 판매한 제품에 하자가 생겨 보상해 줘야 할 경우 실제로 보상금을 지출하는 시점보다 앞서서 보상금액을 예측하여 미리 부채로 반영해 두는 것이나, 자산을 최대한 낮은 금액으로 인식하려는 것이 대표적이다.

회계상 보수주의는 우리가 일반적으로 이해하는 사상으로서의 보수주의와도 맥락이 닿아 있다. 보수주의 사상이란 전통적인 가치를 옹호하고 기존 사회체제의 유지와 안정적인 발전을 추구하는 것을 말한다. 급진적인 변화보다는 체계적이고 점진적인 변화를 선호하며 안정적인 삶을 중시한다. 회계상 보수주의 역시 '재무 안정성'에 가치를 둔다. 따라서 비용은 최대한 빨리, 수익은 최대한 늦게 반영하여 재무상태를 안정적으로 유지하기를 원한다.

이처럼 보수주의가 회계처리기준에서 정한 원칙에 해당하는 것은 아니지만, 기업들은 회계처리기준이 정한 틀 내에서 가급적 보수적으로 회계처리를 하려는 경향이 있다. 회계의 세상에서도 비용 또는 부채와 같은 '매'는 최대한 빨리 맞고, 수익이나 자산과 같은 '사탕'은 최대한 천천히 인식하는 것을 선호하는 편이다.

09

대공황 이후 일반적으로 인정받은 회계원칙
GAAP

> 주가는 영원한 고원처럼 보이는 경지에 도달했다.
> 나는 주가가 몇 개월 이내에 상당히 높아질 것으로 기대한다.
> — 어빙 피셔

미래의 경제상황을 예측하는 것은 최고의 경제학자에게도 어려운 일이다. 유명한 경제학자였던 어빙 피셔는 1929년 대공황The Great Depression이 발생하기 일주일 전 미국 주식시장이 계속 상승세를 보일 것으로 예측했다. 그러나 그의 예측은 보기 좋게 빗나갔다. 1929년 10월 24일 뉴욕 주식시장이 대폭락하면서 대공황이 시작되었다. 기업들은 연쇄적으로 도산했으며, 1933년 미국의 실업자 수는 전체 근로자의 30%에 해당하는 1,500만명을 넘어섰다. 1929년 미국에서 시작된 대공황은 1933년 모든 자본주의 국가에 영향을 끼쳤고, 1939년까지 이어졌으며 역사상 최악의 경제공황으로 손꼽힌다.

당대 최고의 경제학자이면서 뛰어난 수리통계학자였던 어빙 피셔를 잘못된 예측으로 이끈 것은 무엇이었을까? 여러 가지 이유가 있겠지만, 제대로 된 기업정보가 제공되지 않아 주식가치를 올바르게 예측할 수 없었던 것도 분명히 한몫했을 것으로 보인다.

∧ 1929년 10월 29일 검은 화요일 대폭락 직 ∧ 무료로 제공되는 식사를 하기 위해 늘어선 실업자들, 1931
후 월스트리트에 모인 군중

　1926년 9월 하버드대학교 경제학과 교수 리플리는 잡지에 "기업들이 투자자들에게 필요한 정확한 재무정보를 제공하지 않고 있다."라는 내용의 기고문을 실었다.[*] 그는 이 기고문에서 "로열베이킹파우더The Royal Baking Powder Company는 25년 이상 어떤 종류의 재무제표도 발행하지 않았지만 증권시장에서 주식을 버젓이 유통하고 있고, 싱어Singer Manufacturing Company는 세계 봉제기계 생산량의 80% 이상을 차지하고 있지만 그들이 제공한 자료 중 금융정보라고는 찾아볼 수가 없으며, 내셔널비스킷The National Biscuit Company은 손익계산서가 아예 존재하지 않는다."라고 지적했다. 그는 특히 기업들의 재무와 관련한 보고서를 통제하는 제대로 된 규칙이 없다고 비판했다. 여기서 알 수 있듯, 부실하고 통일성 없는 회계정보가 피셔를 비롯한 많은 투자자들을 잘못된 판단으로 이끌었을지도 모른다.

---

* 　William Z. Ripley(1926).

대공황 이후 부정확한 회계정보에 그 책임이 있고, 이는 통일된 회계 규칙이 없었기 때문이라는 비판이 쏟아졌다. 이에 미국증권거래위원회는 통일된 회계원칙을 제정하는 작업에 착수했고, 그 결과로 나온 것이 바로 일반적으로 인정받은 회계원칙Generally Accepted Accounting Principles, 이른바 GAAP이다.

GAAP은 손익계산서나 재무상태표 등과 같은 재무제표를 작성할 때 따라야 할 기준 또는 원칙을 의미한다. GAAP이 제정되면서부터 재무상 태 및 경영성과 등에 대한 재무보고의 신뢰성과 비교가능성이 높아지기 시작했다. GAAP은 그 기준을 만드는 나라의 사정을 반영하기 때문에 나라마다 조금씩 다르다. 미국은 US-GAAP을, 우리나라는 K-GAAP을 사용해 왔다. 우리나라는 2010년까지는 K-GAAP을 회계기준으로 채택해 왔지만, 2011년부터는 K-IFRS(한국채택국제회계기준)와 일반기업회계기준을 도입하여 적용하고 있다.

회계의 공용어
국제회계기준(IFRS)

예수의 성품을 갖고 싶다면
그의 습관을 받아들여 몸에 배도록 하면 된다.
— 찰스 두히그, 《습관의 힘》 중에서

스위스 로잔에 있는 국제경영개발원IMD: International Institute for Management Development은 매년 세계 각국의 국가경쟁력을 평가하여 발표한다. 2006년 우리나라는 61개 대상 국가 중 38위를 기록했고, 아시아권에서는 15개 국가 중 13위를 기록했다. 전년도에 비해 9단계나 하락한 결과였다. 특히 회계투명성 분야에서는 21단계나 하락하며 최하위권인 58위를 기록해 충격을 안겼다.

1997년 외환위기 이후 우리나라 정부는 기업회계를 선진화하고 회계감독제도를 지속적으로 개선해 왔으나, 회계투명성 평가에서는 여전히 낮은 점수를 받아왔다. 회계투명성의 부재는 이른바 '코리아 디스카운트*'로 이어졌다. 우리나라 기업들은 국제적 경쟁력을 가졌음에도 코리아 디스카

---

* 우리나라 기업의 주가가 비슷한 수준의 외국기업에 비해 낮게(discount) 형성되는 현상을 말한다. 회계의 투명성 부재, 남북관계로 인한 지정학적 불안요인, 재벌이라는 특이한 기업지배구조 그리고 노동시장의 경직성 등이 그 원인으로 꼽힌다.

운트로 인해 주식시장에서 상대
적으로 저평가되었다. 이에 기업
가치와 국가경쟁력을 높이기 위
해서는 회계투명성 확보가 반드
시 필요했다.

∧ 스위스 로잔에 있는 국제경영개발원(IMD)

회계투명성 확보를 위해 정
부는 2007년 국제회계기준IFRS:
International Financial Reporting Standards을 도입하기로 했다. 우리나라는 2006
년까지 K-GAAP이라는 기업회계기준을 적용해 왔는데, K-GAAP은 그
당시 전 세계 100여 개국 이상이 공통적으로 사용하던 국제회계기준과는
다른 점이 많았다. 그러다 보니 국제자본시장에서 한국의 회계투명성을
확보하기 위해서는 IFRS의 도입이 필수적이었다.

결국 정부는 코리아 디스카운트의 원인 중 '회계기준 미흡'이라는 요인
을 제거하고 회계정보의 대내외적 신인도를 높이기 위해 수년간 준비를
거쳐 2011년부터 국제회계기준(IFRS)을 적용했다. 우리나라에서 사용하는
국제회계기준이라서 한국채택국제회계기준(이하 K-IFRS)이라고 부른다.

모든 상장기업들은 의무적으로 K-IFRS를 적용하여 회계처리를 해야
한다. 비상장기업 중에서도 원하는 기업은 K-IFRS를 적용할 수 있으며,
그렇지 않은 기업은 일반기업회계기준을 적용하여 회계처리를 하면 된다.
K-IFRS와 K-GAAP의 주요한 차이는 다음과 같다.

GAAP vs IFRS의 주요 특징

K-GAAP	K-IFRS
국가별로 서로 다른 회계기준	대다수 국가들이 함께 만드는 국제회계기준
규칙 중심의 회계처리 (개별 사안에 따른 지침 존재)	원칙 중심의 회계처리 (개별 지침 없이 원칙에 따른 판단이 중요)
장부가액 평가 (자산의 매입원가 등을 장부에 일부 반영)	공정가액 평가 (자산의 시장가격을 장부에 그대로 반영)
개별재무제표 중심 (종속회사의 실적과 자산을 별도로 보고)	연결재무제표 중심 (종속회사의 실적과 자산도 포함하여 장부 작성)

출처: 금융감독원

K-IFRS의 도입으로 우리나라 기업회계기준의 국제적 신인도는 많이 향상되었다. 하지만 여전히 이를 제대로 적용하지 않는 경우가 많아서 회계투명성 측면에서는 아직까지 개선되어야 할 부분이 남아 있다. 회계기준이 아무리 좋아도 이를 적용하는 회계주체들에게 올바르게 회계처리를 하고자 하는 인식의 전환이 있을 때, 회계투명성은 비로소 향상될 수 있다.

세금은 규정대로, 회계는 원칙대로

11

무언가를 변화시키려면
기존 모델을 구식으로 만드는 새로운 모델을 만들어라.
— 버크민스터 풀러, 미국 건축가

영국의 대헌장Magna Carta과 미국의 독립선언문은 세금을 둘러싼 피의 대가로 세상에 나왔다. 1215년 영국 귀족들은 국왕의 실정과 과도한 세금에 대항하기 위해 '의회의 승인 없는 세금은 인정할 수 없다'는 내용을 포함한 대헌장을 발표했고, 1776년 미국 시민들은 영국이 수입홍차에 과도한 세금을 매기자 '대표 없이 과세 없다'는 구호를 앞세워 독립선언문을 작성했다.

세금전쟁의 역사는 오늘날 조세법률주의의 토대가 되었다. 조세법률주의는 법률에 규정된 세금만 과세할 수 있다는 뜻이다. 바꿔 말하면 법률에 명확하게 규정되지 않은 세금은 내라고 강요할 수 없고, 내지 않아도 탈세가 아니라는 뜻이다. 조세법률주의는 죄형법정주의[*]와 함께 법치국가의 토대를 이룬다.

---

[*] 죄형법정주의란 어떤 행위를 범죄로 처벌하려면 행위 이전에 미리 성문의 법률로 규정해야 한다는 원칙이다. "법률이 없으면 범죄도 없고 형벌도 없다."는 근대 형법의 기본원리이기도 하다.

세금의 역사는 국가가 '규정대로' 과세하도록 하기 위한 투쟁의 역사였다. 이와는 달리 회계는 '규정대로'가 아니라 '원칙대로'를 지향점으로 삼아 세금의 역사와는 조금 다른 방향으로 가고 있다. 기존의 GAAP은 세법처럼 '규정중심'이어서 사안별로 구체적인 회계처리방법을 규정해 두었다. 그런데 이는 상세한 지침 덕분에 회계처리를 하기에 편리한 반면, 악용될 가능성이 있다는 문제를 지니고 있었다. 규정에 언급되지 않은 부분에서는 편법을 사용하여(사실 규정이 없기 때문에 편법이라고 하기도 어렵다) 기업에 유리하도록 공격적으로 회계처리를 할 여지가 있었던 것이다.

이런 단점을 보완하기 위해 IFRS는 '원칙중심' 회계기준을 도입했다. 원칙중심 회계기준이란 회계기준에 상세한 지침을 열거하지 않더라도 일반적인 원칙을 규정해 둔 이상 그 원칙에 어긋나지 않게 회계처리를 해야 한다는 것이다. 이는 곧 원칙을 지키는 한에서는 기업의 회계처리에 재량을 준다는 의미이기도 하다. 재량권은 넓지만, 원칙을 벗어난 공격적인 회계처리는 모두 위반이 될 소지가 있어 그만큼 책임도 강하다고 볼 수 있다.

문제는 '원칙대로' 회계기준을 적용하면 실무 차원에서 회계처리가 모호해질 수 있다는 것이다. '회계원칙을 준수하는 범위 내에서 기업회계처리의 자율성을 중시한다'는 취지는 좋지만, 기업이 어디까지 자율적으로 판단할 수 있는지는 명확하지 않다.

역사적으로 규정에도 없는 세금을 부과하는 국가는 항상 조세저항에 직면했다. 회계원칙에 부합하는 회계처리가 무엇인지 명확하지 않으면 감독당국의 해석권한이 넓어질 수 있고, 불명확한 회계처리기준이 오히려 감독당국의 무기로 활용된다면 세금의 역사에서 알 수 있듯이 회계 또한 저항에 직면할 위험이 있다.

손상차손

취득원가와 시가의 싸움. 이는 특정 시점에 자산과 부채에 대한 회계처리를 할 때 자산과 부채를 취득할 당시의 금액인 취득원가(다른 말로 역사적 원가라고도 한다)로 기록할 것인지, 아니면 재무제표를 작성할 당시의 시가(회계에서는 이를 공정가치라고 부른다)로 재평가하여 반영할 것인지에 대한 논쟁을 말한다.

예를 들어, 당근을 판매하는 상인이 연중에 1개당 1,000원에 당근을 취득했는데 연말에 당근 값이 폭등하여 1개당 2,000원이 되었다고 가정해 보자. 이때 재무상태표를 작성한다면 당근의 가치를 장부에 반영하면서 취득 당시 가격(취득원가)인 1,000원으로 해야 할까, 아니면 장부 작성 당시의 시장가치(시가)인 2,000원으로 해야 할까? 언뜻 생각하면 당연히 시가가 맞을 것 같고, 돌아서서 생각하면 판매하기 전의 가치는 유동적이기 때문에 취득원가로 반영해야 맞을 것 같기도 하다. 이렇다 보니 어느 금액을 장부에 반영해야 하는지에 대해 꽤 오랫동안 논쟁이 이어져왔다.

이렇듯 논쟁이 길어진 이유는 시가를 산정하는 기준이 명확하지 않고,

특정한 시점에 하나의 가치를 정확하게 산정해 낸다는 것이 말처럼 쉽지 않기 때문이다. 그 배경에는 회계상 시가평가를 적용한 것이 1929년 대공황의 주범 중 하나로 지목된 것도 한몫했다.

대공황의 배경을 살펴보자. 1800년대에는 회계처리에 명확한 기준이 없었기 때문에 자산 가치를 시가로 평가하는 것이 대세였다. 재고자산, 부동산, 기계장치 할 것 없이 시가로 평가했다. 하지만 시가평가는 정확하지 않아서 실제 가치보다 높게 부풀려지는 경우가 많았다. 1929년 미국에서 대공황이 발생하자 그 책임소재를 놓고, 부실한 회계처리, 그중에서도 특히 부풀려진 시가평가가 원인이라는 지적이 나왔다. 결국 미국 증권거래위원회는 대공황 이후 GAAP을 정립하면서 취득원가(역사적 원가)를 가치평가의 기준으로 정했다.

1929년 발생한 세계대공황의 원인 중 하나가 회계장부를 시가로 평가했기 때문이라는 이유로 1934년 취득원가가 회계상 가치평가의 원칙으로 채택된 이후, 이는 1970년대에 이르기까지 30년 이상 유지되었다. 자산가치를 부풀리지 못하게 막기 위해서는 취득원가 원칙이 불가피했다.

가치평가 기준에 다시 논쟁의 불씨를 지핀 것은 바로 1970년대에 발생한 오일쇼크Oil shock와 그 이후 일어난 인플레이션Inflation이었다. 1973년 10월, 전쟁과 휴전을 반복하던 중동에서 이집트와 시리아가 이스라엘을 공격하면서 제4차 중동전쟁이 터졌다. 중동국가들은 전쟁에서 명확한 군사적 승리를 거두지 못하자 석유가격을 인상해 세계경제를 혼란에 빠뜨렸다. 석유자원을 무기화하는 이른바 석유파동(오일쇼크)의 시작이었다. 유가는 1년 만에 4배나 올랐다. 1978년에 이르러 유가가 진정되나 싶었으나, 1979년 이란의 이슬람혁명으로 인해 제2차 석유파동이 일어났다. 세계 석유시장의 15%를 차지하던 이란의 석유수출 금지는 세계경제에 극심한

타격을 주었다.

∧ 석유파동으로 텅 빈 고속도로에서 모닝커피를 마시는   ∧ 고속도로 위에서 술과 음악을 즐기는 캘리포니아의
아빠와 세발자전거를 타는 아이   대학생들, 1973

    오일쇼크는 경기침체와 인플레이션을 동시에 불러왔다. 스태그플레이
션Stagflation*이었다. 유가 상승으로 인해 물가가 계속해서 상승하자 이로
인해 경기가 침체상태로 접어들었다. 1930년대부터 이어져온 기존 경제
학으로는 설명이 안 되는 상황이 벌어졌던 것이다.

    회계에도 비상이 걸렸다. 과도한 인플레이션으로 인해 1930년대부터
유지해온 취득원가주의 가치평가가 한계를 드러냈기 때문이다. 인플레이
션이 되면 장부에 기록된 돈의 가치는 점점 떨어지고, 실물의 가치는 점점
올라간다. 화폐가치가 바뀌면 회계장부에 기록된 정보는 실제 가치와 점
점 멀어진다. 어쩔 수 없이 통화가치와 물가변동을 회계에 반영하더라도
시장 심리에 따라 가치가 쉽게 달라지기 때문에 회계장부는 진정한 가치

---

* 스태그플레이션이란 경기침체(스태그네이션)와 물가상승(인플레이션)이 동시에 발생하는 것을 말한다. 보
통 불황기에는 소비가 침체되어 물가가 하락하는 것이 일반적이다. 하지만 석유파동으로 인한 물가상승은
경기침체를 불러왔다.

를 반영하지 못한다.

　이에 궁여지책으로 고안해 낸 것이 손상차손이다. 손상차손을 인식한 다는 것은 자산의 진정한 가치를 구해 그 가액이 장부가액보다 현저하게 낮아진 경우 그만큼을 손실로 인식하는 것을 말한다. 취득원가주의를 버리지 않으면서 시가평가를 일부 도입한 것으로 볼 수 있다.

　IFRS 회계에서는 손상차손 평가를 매우 중요하게 생각한다. 대부분의 자산에서 손상징후, 즉 시장가치가 급격히 하락하여 미래의 경제적 가치가 장부가격보다 현저하게 낮아질 가능성이 있을 경우 가치하락 예상금액을 미리 장부에 반영해야 한다. 손상차손의 핵심은 재무제표에 반영되는 자산의 장부가액이 해당 시점에 실제로 판매한다고 가정할 때 회수가능한 금액보다 더 많게 표시되지 않도록 하는 것이다.

13

금융위기의 주범일까?
시가평가

모든 사물은 당신이 부여한 만큼 가치를 지닌다.
— 몰리에르(본명: 장 바티스트 포클랭), 프랑스 작가

취득원가와 시가의 싸움은 손상차손이라는 개념을 도입하면서 취득원가에서 시가로 서서히 회귀하는 양상을 보였다. 2000년대 후반에 접어들며 회계상 가치평가에 시가평가를 다시 적용하기 시작했지만 또다시 문제가 발생했다. 2007년에서 2008년 사이에 발생한 서브프라임 금융위기*의 원인 중 하나로 시가평가가 도마 위에 올랐던 것이다.

서브프라임 금융위기 직전 미국에서는 부동산 관련 파생상품들이 불티나게 팔렸다. 하지만 정작 파생상품의 시가가 얼마인지 그리고 그 뒤에 숨은 위험의 크기가 어느 정도인지 사람들은 전혀 알 수 없었다. 파생상품의 시가평가가 제대로 이루어지지 않았을뿐더러 손상차손 평가 또한 제역할을 하지 못했기 때문이다. 이런 측면에서 2008년 서브프라임 금융위기의 책임을 손상차손 평가가 제대로 작동하지 않은 것에 일정 부분 돌려

---

* 2007년 미국의 서브프라임 모기지(비우량 주택담보대출)로 인해 발생한 전 세계적 금융위기. 금융시장과 세계경제에 큰 후유증을 남겼다.

야 한다는 견해도 있다. 이렇듯 취득원가와 시가 중 어느 것을 회계상 가치로 인정해야 하는지에 대한 논란은 금융위기 때마다 끊임없이 되풀이되었다.

그러나 국제회계기준(IFRS)은 취득원가가 아닌 시가(공정가치)로 평가하는 것을 회계상 가치평가의 원칙으로 선언했다. 다시 한번 시가평가에 힘을 실어준 것이다. IFRS 회계에서는 원칙적으로 자산과 부채를 시가로 평가해야 한다. 시가 또는 공정가치란 거래 의사가 있는 합리적인 당사자 사이에서 거래하는 가격을 말한다.

모든 사물은 나름대로 가치를 가진다. 사물의 가치는 주관적 판단에 따라 달라질 수 있기 때문에 가치평가에는 절대적인 답이 없다. 특히 가치평가와 금융위기의 역사가 연결되어 있다는 점을 무시해서는 안 된다. 시가평가가 대공황을 불러온 이후 한동안 취득원가를 적용했지만, 시가평가를 다시 도입한 이후 또다시 서브프라임 금융위기가 발생했다는 사실에 주목할 필요가 있다.

물론 IFRS 회계에서 시가평가를 인정한 배경에는 파생상품과 같이 복잡한 자산의 시가를 평가하기 위한 방법론 역시 오랜 세월 동안 발전해 왔다는 것에 대한 자신감도 있을 것이다. 그러나 역사를 되짚어볼 때, 같은 실수를 되풀이하지 않기 위해서는 시가평가 제도가 제대로 작동하고 있는지 항상 주의 깊게 살펴볼 필요가 있다.

14

재무보고를 담당하는 5총사
재무제표

무명이었던 청년 시절 성공을 거두자 사람들은 나를 도박꾼으로 불렀다.
이후 사업을 확대하자 투기꾼으로 불렀다. 사업이 계속 확장되어 현재의
모습을 갖추자 사람들은 나를 은행가라고 불렀다. 그러나 내가 한 일은 항
상 똑같았다.

— 어니스트 카셀, 영국 은행가

우리나라에서 제대로 된 회계보고서가 작성된 것은 조선시대 말이었
다. 1878년에 일본의 제일은행이 부산에 지점을 개설하자 이에 자극을 받
아 국내에서도 1897년에 한성은행(구 조흥은행), 1899년에 대한천일은행(구
상업은행)과 같은 민간자본에 의한 은행 설립이 추진되었다. 한국에도 주식
회사가 등장한 것이다.

^ 한성은행(현 신한은행)
　ⓒ한국민족문화대백과

^ 대한천일은행(현 우리은행)
　ⓒ한국민족문화대백과

특히 대한천일은행은 많은 회계장부를 기록으로 남겼다. 현금출납부에 해당하는 〈정일기〉, 거래처의 개인별·항목별 입출금 명세를 거래대상자별로 적은 〈장책〉 그리고 결산장부에 해당하는 〈주회계책〉 모두 회계장부에 해당한다. 이 중에서도 〈주회계책〉은 대한천일은행의 기별 순이익과 이익결산내역 등을 기재하여 이익과 손실을 파악할 수 있도록 한 결산서로 오늘날 재무제표의 전신이라고 볼 수 있다.

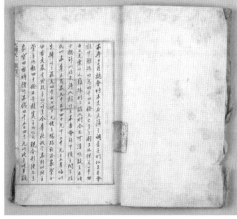

^ 대한천일은행의 〈주회계책〉(1900~1905) ⓒ행정안전부 국가기록원

대한천일은행의 〈주회계책〉과 같이 기업들은 일정한 시점마다 기업의 손익과 재무상태를 파악하기 위한 보고서를 작성한다. 이를 '재무제표'라고 한다. 재무제표는 짧게는 월 단위로 작성할 수도 있지만 보통은 분기, 반기 또는 연 단위로 작성한다.

재무제표는 특정시점의 자산, 부채, 자본 등의 내역을 알려주는 재무상태표, 일정한 기간의 경영성과를 보여주는 손익계산서, 자본의 변동내역을 알려주는 자본변동표, 현금흐름을 파악할 수 있는 현금흐름표 그리고 재무제표에 관한 내용을 상세하게 설명하는 주석의 5가지로 구성된다.

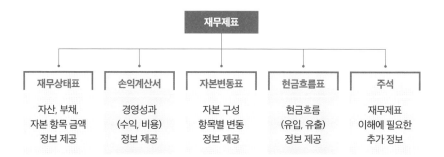

일반적으로 사람들이 많이 활용하는 재무제표는 '손익계산서'와 '재무상태표'다. 손익계산서를 보면 일정한 회계기간(월, 분기, 반기 또는 연간)에 얼마나 팔아서 얼마나 이익을 얻었는지와 같은 경영활동의 성과를 알 수 있고, 재무상태표를 보면 특정 회계기간의 말(월말, 분기말, 반기말 또는 연말)에 자산, 부채, 자본이 각각 얼마나 있는지를 상세하게 파악할 수 있다.

자녀의 경제력이 곧 부모의 스펙
연결재무제표

원하든 원하지 않든 간에 우리는 서로서로 연결되어 있다.
— 달라이 라마

좋은 부모의 덕목은 무엇일까? 육아정책연구소가 2017년 4월 내놓은 〈한국인의 부모됨 인식과 자녀양육관 연구보고서〉에 따르면 좋은 부모가 되기 위한 덕목에 대한 질문에 21.8%가 경제력을 꼽았고, 부모 역할에 부족하다고 생각하는 부분에 대한 질문에 46.1%가 역시 경제력이라고 응답했다.

그러나 회계의 세상에서는 정반대다. 회계에서는 부모가 자녀의 경제력에 의해 평가받는다. 어째서일까?

회계에서는 어떤 기업이 다른 기업을 지배할 때, 지배하는 기업(지배기업)이 자신의 재무상태뿐만 아니라 지배당하는 기업(종속기업)의 재무상태까지 포함하여 연결재무제표(연결재무상태표, 연결손익계산서 등을 포함한다.)를 작성해야 한다. 지배기업이 작성하는 재무제표 중 자기 자신만의 재무상태를 반영하여 작성하는 재무제표를 '별도재무제표', 종속기업의 재무상태까지 포함하여 작성하는 재무제표를 '연결재무제표', 종속기업이 없는 기업이 작성하는 재무제표를 '개별재무제표'라고 한다. 지배기업 입장에서는 '내 재

산도 내 것, 종속기업의 재산도 내 것'으로 보는 것이다. 지배기업의 '내 재
산'은 별도재무제표에, '내 재산과 종속기업의 재산을 모두 합친 전체 재산'
은 연결재무제표에 표시한다.

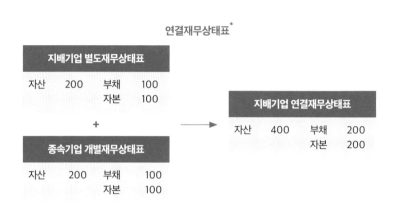

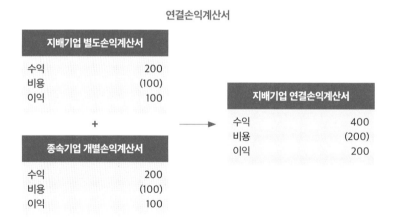

*   연결재무상태표를 작성하기 위해서는 지배기업 별도재무상태표에서 자산으로 반영되어 있는 종속기업 주
    식을 제거해야 한다. 위의 예시에서는 별도재무상태표에서 종속기업 주식을 제거한 상태라고 가정한다.

삼성전자의 경우를 살펴보자. 2017년 12월 31일 기준으로 삼성전자는 삼성디스플레이의 주식 중 84.8%를 보유하고 있었다. 삼성전자가 삼성디스플레이를 사실상 지배하고 있으므로 삼성전자는 지배기업, 삼성디스플레이는 종속기업이 된다. 삼성전자는 자신의 별도재무제표 외에 삼성디스플레이를 포함하여 연결재무제표를 작성해야 한다.

2017년 12월 31일 기준 삼성전자는 삼성디스플레이 외에도 총 270개 기업을 지배하고 있다. 삼성전자는 자신과 270개 종속기업의 자산, 부채, 자본, 수익, 비용을 합하여 하나의 연결재무제표를 작성해야 한다.

지배기업과 종속기업을 실질적으로 하나의 경제적 실체로 보고, 경제적 실체 전체의 재무제표를 제공하는 것이 재무제표를 이용하는 주체들에게 보다 유의미한 정보라고 보는 것이다. 그래서 IFRS 회계에서는 연결재무제표가 주된 재무제표다.

회계의 세상에서는 자식기업이 돈을 잘 벌면 부모기업의 가치도 덩달아 상승한다. 현실과 달리 자식의 경제력이 부모의 스펙이 되는 셈이다.

헝가리 펭괴화는
어쩌다가 쓰레기가 되었을까?

인플레이션(물가상승)은 돈을 쓰레기로 만들기도 한다. 세계 최고의
인플레이션은 헝가리에서 발생한 4,200조%였다. 헝가리에서는 펭
괴(pengö)화라는 화폐를 사용했는데, 제2차 세계대전이 터지자 펭괴
화의 가치는 급속도로 떨어졌고 물가는 15시간마다 2배씩 상승했
다. 사람들은 카페에서 음료수를 시킬 때 두 잔을 한꺼번에 시켰다.
어차피 내일이면 돈을 2배 이상 주지 않고는 음료수를 살 수 없을
것이기 때문이었다. 사람들은 돈을 길에 내다 버렸고, 청소부는 바
닥을 쓸며 쓰레기가 된 돈을 치웠다.
당시 헝가리 정부는 조(兆)보다 1억 배 많은 단위인 해(垓) 단위까지
화폐를 발행했다. 뒤에 0이 무려 20개나 붙는 '1해 펭괴' 지폐는 1년

▲ 쓰레기처럼 버려진 헝가리 펭괴화를 청소하는 모습   ▲ 뒤에 0이 20개나 붙는 '1해 펭괴'

도 채 못 가서 폐지됐다. 결국 헝가리 정부는 화폐개혁을 통해 기존 통화를 완전히 폐지하고 포린트화로 바꾸면서 인플레이션을 잡는 데 겨우 성공했다.

회계에서도 인플레이션은 매우 중요한 문제다. 재산상태를 화폐로 표시해 장부에 기록하기 때문에 회계는 화폐가치의 변동에 민감할 수밖에 없다. 화폐가치가 바뀌면 장부에 기록되는 회계정보 또한 정보로서 가치를 상실할 수 있다.

그러나 실물경제에서 화폐가치가 계속 바뀐다 하더라도 기업회계의 영역에서 이러한 변동내역을 모두 반영하기는 어렵다. 이에 회계에서는 화폐가치가 항상 안정적으로 유지된다고 가정한다. 다만, 헝가리와 같은 초인플레이션 상황이 발생하면 재무제표 이용자에게 올바른 정보를 제공하기 위해 인플레이션을 반영하여 재무보고를 하도록 한다.

'로이드 커피하우스'로
만나는
회계의 기초

로이드의 커피하우스를 통해
회계를 배워보자

16

카페는 자유를 위한 길이다.
— 장 폴 사르트르, 프랑스 철학자

회계를 막연히 어렵게 생각하는 사람들이 많다. 그 이유는 학교에서 제대로 배운 적이 없고, 일상생활에서 잘 사용하지 않는 복잡한 단어와 숫자가 많이 등장하기 때문이다. 회계가 필요해서 배우기로 마음먹은 후, 억지로 단어를 암기하며 공부해도 다음 날이면 까맣게 잊어버려 좌절하는 것 또한 현실이다.

이 장에서는 그동안 억지로 머리에 넣었던 회계학습이 아닌 로이드의 커피하우스 창업기를 통해 자연스럽게 회계를 이해해 보자. 이를 통해 회계의 전체적인 흐름과 필요성을 파악할 수 있을 것이다. 로이드는 실존 인물이지만 이 장의 창업기는 모두 허구다.

자, 이제부터 런던에 커피하우스를 처음 연 로이드가 되어 회계의 기초를 탐험해 보자. 로이드가 회계를 배워가며 우여곡절 끝에 성공한 스토리를 통해 회계에 친숙해지길 바란다.

로이드는 런던에 커피하우스를 오픈한 이후 눈코 뜰 새 없이 바쁘게 한 달을 보냈다. 그는 한 달 동안 커피를 얼마나 팔았고 얼마나 남았는지 알아보기 위해 회계장부를 작성하고 재무제표를 만들기로 했다.

로이드의 커피하우스에서 한 달 동안 다음과 같은 일이 일어났다고 가정해 보자.

커피하우스에서 한 달 동안 일어난 일

1월 1일	로이드는 5,000만원을 자본금으로 하여 커피하우스를 시작했다.
1월 1일	타워 스트리트 근처 건물의 1층 가게를 빌리고, 1월분 월세로 100만원을 주었다.
1월 2일	1,200만원을 주고 가구를 구입했다(가구들은 5년간 사용할 수 있다).
1월 3일~ 1월 31일	한 달 동안 커피 총 2,500잔을 팔았다. 재료비로 300만원이 들어갔고, 커피 판매금액은 총 1,000만원이었다.
1월 31일	아이와 다음 달부터 전단지를 돌리기로 계약하고, 매수를 고려하여 돈을 주기로 했다.
1월 31일	런던 세금징수관이 찾아와서 1월분 세금으로 100만원을 내야 한다고 세금통지서를 주고 갔다.

로이드는 이 사건들을 바탕으로 회계장부를 작성해 보기로 했다. 그러나 막상 어디서부터 시작해야 할지 전혀 감이 오지 않았다. 로이드는 무엇부터 알아야 할까?

17

장부에 적을 게 있고
아닌 게 있다?

찰나의 순간들 속에서 우리가 얻어야 할 인생의 영감과 힌트,
단서를 놓치지 않는 유일한 방법은 기록이다.
— 팀 페리스, 《타이탄의 도구들》중에서

로이드가 제일 먼저 해야 할 일은 한 달 동안 커피하우스에서 무슨 일
이 일어났는지를 파악하는 것이고, 그다음으로 해야 할 일은 그중에서 회
계장부에 기록해야 하는 것이 무엇인지 골라내는 것이다.

회계장부에 적을 내용은 무엇일까? 여기 수메르 문명의 역사를 담은
두 가지 사건기록이 있다.

∧ 맥주 거래 영수증 용도의 점토판

∧ 대홍수를 기록한 점토판

기원전 2050년경 작성된 것으로 보이는 왼쪽 점토판에는 맥주 양조업자에게 약 4.5리터의 맥주를 받았음을 인정한다는 맥주거래가 기록되어 있다. 오른쪽 점토판은 수메르의 대홍수에 관한 내용을 담고 있다. 엄청난 홍수가 7일 밤낮 대지를 덮쳐 모든 것을 파괴했다는 내용이다.

이 중에서 어떤 것을 장부에 기록해야 할까? 정답은 두 가지 모두다. 왼쪽 점토판의 내용은 회계장부에 기록해야 하는 '거래'임이 명백하다. 맥주라는 물건을 사고팔았기 때문이다. 하지만 오른쪽 점토판의 대홍수에 관한 내용은 물건을 사고파는 거래가 있었던 것도 아닌데 왜 회계장부에 기록해야 할까?

그 이유는 회계장부에 적어야 하는 내용에는 물건을 사고파는 거래뿐만 아니라 재산상태의 변동을 가져오는 모든 사건event이 포함되기 때문이다. 대홍수로 인해 재산을 모두 잃었다는 것은 재산상태에 큰 변동이 생겼음을 의미한다. 때문에 이 사실을 회계장부에 기록해야 한다. 즉, 회계장부에 적어야 하는 것은 재산상태에 변동을 가져오는 모든 거래 또는 사건이다.

로이드는 회계장부를 작성하기 위해 커피하우스에서 일어난 일 중 어떤 것을 회계장부에 기록해야 하는지부터 파악해야 한다. 다음 장의 커피하우스에서 한 달 동안 일어난 사건 중 장부에 적어야 하는 것은 무엇일까?

커피하우스에서 한 달 동안 있었던 거래 또는 사건

순서	날짜	내용
1	1월 1일	로이드는 5,000만원을 자본금으로 하여 커피하우스를 시작했다.
2	1월 1일	타워 스트리트 근처 건물의 1층 가게를 빌리고 1월분 월세로 100만원을 주었다.
3	1월 2일	1,200만원을 주고 가구를 구입했다(가구들은 5년간 사용할 수 있다).
4	1월 3일~ 1월 31일	한 달 동안 커피 총 2,500잔을 팔았다. 재료비로 300만원이 들어갔고, 커피 판매금액은 총 1,000만원이었다.
5	1월 31일	전단지 돌리는 아이와 다음 달부터 전단지를 돌리기로 계약하고, 돌리는 매수를 고려하여 돈을 주기로 했다.
6	1월 31일	런던 세금징수관이 찾아와서 1월분 세금으로 100만원을 내야 한다고 세금통지서를 주고 갔다.

이 중에서 장부에 기록할 내용은 5번을 제외한 전부다. 1번에서 4번까지의 사건은 모두 돈이 들어오거나 나간 것이기 때문에 회계장부에 적어야 하는 '거래'임이 분명하다. 5번은 아이와 약속만 했을 뿐 실제로 돈이 나가지 않았기 때문에 당장 회계장부에 기록할 것이 없다. 아이와 한 약속도 지켜야 하는 의무인 것은 맞지만, 다음 달부터 전단지가 몇 장 돌려질 것인지 현재로서는 알 수 없기 때문에 현재 재산상태에 변화를 주지 않는다.

6번 역시 아직 돈이 나간 것은 아니다. 그런데 왜 회계장부에 적어야 하는 것일까? 이것을 알려면 '복식부기'라는 회계개념을 알아야 한다. 복식부기는 하나의 거래를 회계장부에 차변과 대변으로 나누어서 2번 기록하는 것을 말한다. 복식부기 회계에서는 비록 현재 시점에서 현금지출이 없다 하더라도 회계처리를 해야 하는 사건이 '발생'했다면 장부에 반영해야 한다.

로이드는 아직 세금을 내지는 않았다. 하지만 런던 세금징수관이 1월분 세금으로 100만원을 내야 한다는 통지서를 주고 갔기 때문에 1월달 회계장부를 작성할 때 100만원의 세금을 '향후 갚아야 하는 부채'가 발생한 것으로 보아 장부에 반영해야 한다.

로이드는 복식부기가 다소 생소하고 이해하기 어려웠다. 로이드를 위해 복식부기가 무엇인지 뒤에서 좀 더 자세히 살펴보기로 하자.

| 부기 |

부기(簿記)란 '장부에 기록한다'는 뜻이다.

모든 거래에는
원인과 결과가 존재한다

복식부기 없는 자본주의는 상상할 수 없다.
— 베르너 좀바르트, 독일 경제학자

과거의 원인이 현재의 결과를, 현재의 원인이 미래의 결과를 만든다. 과거 나의 선택이 모여 오늘의 내가 되고, 오늘의 내가 한 행동이 원인으로 작용해 미래의 나를 만들어간다. 이 세상은 원인과 결과의 법칙으로 돌아간다고 해도 과언이 아니다.

회계의 세상도 원인과 결과의 법칙, 즉 인과관계에 따라 움직인다. 기업이 경영활동을 하는 동안 현금, 상품, 채권, 채무와 같은 자산과 부채는 끊임없이 증가하고 감소한다. 이러한 증감에도 역시 원인과 결과가 있다. 물건을 판매하면(원인) 돈이 들어오고(결과), 비용을 지출하면(원인) 돈이 나가며(결과), 돈을 빌리면(원인) 갚아야 할 돈이 생긴다(결과). 복식부기란 재산상태의 변동을 원인과 결과로 구분하여 일정한 원칙에 따라 계산, 정리, 기록하는 것을 말한다.

복식부기는 '두 가지를 장부에 함께 쓴다'는 의미로 해석할 수 있다. 여기서 두 가지는 거래의 '원인'과 '결과'를 말한다. 따라서 복식부기를 알려면 먼저 거래의 '원인'과 '결과'를 알아야 한다. 다음 예시를 통해 거래의 '원인'과 '결과'를 좀 더 자세히 알아보자.

커피하우스에서 발생한 거래 또는 사건

내용	원인	결과
자본금 5,000만원으로 커피하우스 시작	로이드가 5,000만원의 자본금을 넣었다.	커피하우스에 현금 5,000만원 증가
1월분 월세 100만원 지출	월세로 100만원의 비용을 지출했다.	현금 100만원 감소
가구 1,200만원어치 구입	가구를 1,200만원어치 구입했다.	현금 1,200만원 감소

로이드의 커피하우스 사례에서 알 수 있듯이 모든 거래는 '원인'과 '결과'로 구분할 수 있다. 인과관계가 연결되어 있듯이 회계에서도 거래의 '원인'과 '결과'는 연결되어 있고, 이는 동전의 양면과 같다. 회계에서 거래는 항상 양면성을 지닌다. 그리고 원인과 결과를 파악하는 것이 복식부기의 출발점이다.

미적분학은
회계를 위해 개발되었다!

수학자이자 네덜란드 암스테르담의 시장이었던 요하네스 후드는 네덜란드 동인도회사의 회장으로 임명된 이후 동인도회사의 재정상태를 파악하기 위해 노력했다. 그러나 설립된 지 50년이 지났음에도 여전히 동인도회사의 회계장부는 부실했고, 그는 재무상태를 파악하는 데 애를 먹었다. 그 이유는 동인도회사가 부채를 따로 계산하지 않았기 때문이었다.

후드는 채무, 미지급금 등 부채를 자산에서 분리하여 별도로 계산하고자 했다. 특히 배의 난파로 입은 손실 등 회사가 처한 위험을 회계로 보여주려고 노력했다.

오랜 노력 끝에 후드는 독일의 수학자 라이프니츠와 함께 미적분학을 개발하여 미적분학의 확률통계를 회계에 적용했다. 이렇듯 미적분학은 수학자이면서 회계에 능통한 후드가 있었기에 발견될 수 있었다.

후드는 회계장부에 자산가치와 회사가 처한 위험을 제대로 반영하지 않으면 재무상태를 정확히 파악하기 어렵다고

▲ 요하네스 후드(1628~1704)

보았다. 비록 후드의 이런 노력들이 동인도회사의 재무제표에 완전히 반영되지는 않았지만, 제대로 된 회계장부를 작성하고자 노력한 그의 정신은 동인도회사의 후대 경영진에게 큰 영향을 주었다.

- 제이컵 솔《회계는 어떻게 역사를 지배해왔는가》중에서 -

단식부기와 복식부기

사업에 성공하고자 하는 사람은 현금을 보유해야 하며,
훌륭한 부기자가 되어 모든 거래를 체계적인 방법으로 기록해야 한다.
— 루카 파치올리, 《1492 베니스 회계》 중에서

거래가 '원인'과 '결과'로 구분된다면 이를 어떤 방식으로 장부에 기록해야 할까? 거래의 기록방식에는 거래의 원인만 기록하는 '단식부기'와 거래의 원인과 결과를 함께 기록하는 '복식부기'가 있다. 다음 사례를 통해 단식부기와 복식부기를 알아보자.

소로가 《월든》에 남긴 단식부기

단식부기의 대표적 예로 소로가 《월든》에 남긴 기록을 들 수 있다. 미국의 문학자인 소로는 하버드대학교를 졸업했지만, 인생의 깨달음을 얻기 위해 약 2년간 월든Walden 호숫가 오두막에서 홀로 생활했다. 소로는 이 오두막에서 생활한 경험을 토대로 세계문학사에서 가장 특이한 책이자 19세기 고전명작으로 꼽히는 《월든》을 집필했다.

소로는 약 2년간 숲속 생활을 하면서 단식부기 방식으로 회계장부를 기록했다. 단식부기는 현금이라는 하나의 기준에 따라 장부를 기록하는 것을 말한다. 소로는 《월든》에서 숲속 생활 중 처음 약 1년간의 회계기록

^ 헨리 데이비드 소로(1817~1862)

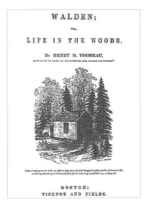

^ 《월든》 초판본 표지, 1854

을 단식부기 방식으로 남겼는데, 그 내용을 요약하면 다음과 같다.

《월든》의 단식부기 예시

현금지출		현금수입	
주택 건설비	28달러 12.5센트	농산물 판매대금	23달러 44센트
1년간 영농비	14달러 72.5센트	노임으로 받은 금액	13달러 34센트
8개월간 식비	8달러 74센트		
8개월간 옷값 등	8달러 40.75센트		
8개월간 등유비 등	2달러		
지출합계	61달러 99.75센트	수입합계	36달러 78센트

　　소로는 현금입출이라는 하나의 기준에 따라 단식부기로 장부를 작성했다. 단식부기에서는 거래의 결과가 모두 현금의 변동으로 정해지기 때문에 거래의 원인만 기록하면 된다. 따라서 쉽고 간편하다는 장점이 있다. 반면에 오직 현금의 변동이 있을 때만 기록하므로 외상매출이나 외상매입과 같은 비현금거래를 반영할 수 없어 정확한 손익계산이 어렵다는 단점이 있다. 우리에게 친숙한 가계부가 대표적인 단식부기 방식이다.

괴테가《빌헬름 마이스터의 수업시대》에서 칭송한 복식부기

독일 문학의 최고봉으로 꼽히는 괴테는 숫자와 전혀 친하지 않을 것 같지만, 독일의 전신인 바이마르 공화국의 재무담당 장관을 무려 10년이나 지냈다. 회계에 밝았던 괴테는 저서《빌헬름 마이스터의 수업시대》에서 복식부기를 '인간 정신이 고안해 낸 가장 아름다운 발명품'이라고 극찬했다.

^ 요한 볼프강 폰 괴테(1749~1832)

^ 《빌헬름 마이스터의 수업시대》 초판본 표지, 1796

도대체 복식부기가 무엇이기에 괴테가 이토록 극찬했을까? 단식부기와 복식부기에는 어떤 차이가 있을까? 단식과 복식의 차이는 탁구나 테니스 등 스포츠 경기를 떠올리면 쉽게 알 수 있다. 탁구와 테니스에서 단식은 1인이 하는 경기이고, 복식은 2인이 한 조가 되어 하는 경기다. 회계의 등장인물은 '원인'과 '결과'의 둘이다. 단식부기는 거래의 결과가 항상 '현금의 변동'으로 정해져 있으므로 거래의 '원인'이라는 선수 1명이 진행하는 단식경기다.

반면에 복식부기는 거래의 '원인'과 '결과'라는 2명의 선수가 함께 뛰는 복식경기다. 복식부기에서는 현금거래 외에 비현금거래도 고려하기 때문에 거래의 원인뿐만 아니라 결과도 반드시 기록해야 한다.

예를 들어 로이드가 커피하우스 벽에 걸기 위해 '현금 100만원을 주고 시계를 샀다'고 가정해 보자. 이 거래를 장부에 적을 때 단식부기로 회계처리를 할 경우, 다음과 같이 거래의 원인인 '시계구입'만 기록하면 된다.

단식부기
시계구입 100만원 지출

반면에 복식부기로 회계처리를 할 경우에는 거래의 '원인'과 '결과'를 모두 기록해야 한다. 거래의 원인은 '시계구입'이고, 거래의 결과는 '현금지출'이다. 복식부기에서는 다음과 같이 회계처리를 2번 한다.

복식부기	
차변 (거래의 원인)	대변 (거래의 결과)
시계구입 100만원 지출	현금 100만원 감소

이와 같이 복식부기는 장부에 기록하는 거래 또는 사건을 원인과 결과로 구분하여 2번 기록하는 것을 말한다. 하나의 거래를 2번 기록해야 하기 때문에 하나는 왼쪽에, 다른 하나는 오른쪽에 기록한다. 회계에서는 왼쪽을 '차변', 오른쪽을 '대변'이라고 부른다.

복식부기는 외상거래와 같은 비현금거래를 기록할 수 있어 손익을 정확하게 계산하고, 재무상태를 제대로 파악할 수 있다는 장점이 있다. 지금은 대다수의 기업이 복식부기 방식으로 회계처리를 한다. 로이드 역시 회계처리를 제대로 하려면 복식부기 방식으로 회계장부를 작성해야 한다.

복식부기의 아버지,
루카 파치올리

복식부기는 언제 탄생했을까? 중세 초기에 유대인 상인들이 복식부기를 처음 사용했다는 주장도 있다. 하지만 현대와 같은 방식의 복식부기는 13세기 말 이탈리아 피렌체의 상인들이 처음 사용한 것으로 알려져 있다. 15세기에 들어서면서부터 피렌체뿐만 아니라 제노바, 베니스의 상인들까지 복식부기를 널리 사용했다고 한다.

상인들의 복식부기를 세상에 널리 알린 사람은 이탈리아의 수학자 루카 파치올리다. 레오나르도 다빈치의 스승으로도 잘 알려진 파치올리는 1494년《산술, 기하, 비율 및 비례총람》이라는 책에 복식부기를 체계적으로 정리했다. 복식부기를 직접 발명한 것은 아니지만, 복식부기를 집대성한 후 널리 알려 근대 회계학의 발전에 지대한 공헌을 했다. 그래서 그를 '복식부기의 아버지'로 부르기도 한다.

∧ 자코포 데 바르바리, 〈루카 파치올리의 초상〉, 1495

∧ 루카 파치올리, 《산술, 기하, 비율 및 비례총람》, 1494

20

복잡하게 생각하지 말자
차변과 대변

절대로 시계를 보지 말라.
이 말은 젊은이가 알아두어야 할 말이다.
— 토머스 에디슨

로이드는 복식부기를 배우면 배울수록 이해가 되지 않고 궁금한 것만 계속 늘어났다. 복식부기가 하나의 거래를 원인과 결과로 구분하여 '차변'과 '대변'에 각각 기록한다는 것은 이제 알았다. 하지만 도대체 차변과 대변이 무엇인지, 거래의 원인과 결과를 어떻게 정확히 차변과 대변에 구분하여 기록하는지 이해가 되지 않았다. 차변과 대변에 대해 좀 더 알아보자.

간단히 말하면 복식부기에서 차변은 자산의 증가를, 대변은 부채의 증가를 기록하는 곳이다. 차변은 원래 '나에게 돈을 빌린 사람(차인, Debtor)'에 관한 내용을 기록하는 곳을, 대변은 '나에게 돈을 빌려준 사람(대인, Creditor)'에 관한 내용을 기록하는 곳을 의미한다.

차변과 대변의 기원은 대출에서 시작되었다. 과거의 회계기록은 대부분 돈이나 물건을 빌려주거나 빌린 것에 관한 것이었다. 그래서 내(회계주체)가 다른 사람에게 돈을 빌려준 경우 장부에는 '나에게 돈을 빌려간 사람(차인)'을 적어야 한다. 즉, 타인에게 돈을 빌려주어 받을 돈(자산)이 생긴 경우 장부 차변에 빌려간 사람(차인)에 관한 정보(빌린 사람과 금액 등)를 적는 것이다.

대변은 차변과 반대라고 보면 된다. 내(회계주체)가 돈을 빌려서 갚을 돈(부채)이 생겼다면 '나에게 돈을 빌려준 사람(대인)'에 관한 정보를 장부의 대변에 기록한다. 결국 차변은 '자산의 증가(빌려준 돈의 발생)'를, 대변은 '부채의 증가(빌린 돈의 발생)'를 기록하는 곳이다.

복식부기에서는 대출뿐만 아니라 모든 자산(집기비품, 가구 등)의 증가를 차변에, 모든 부채의 증가를 대변에 기록한다. 차변과 대변을 요약하면 다음과 같다.

차변(Dr: Debtor)	대변(Cr: Creditor)
나에게 돈을 빌려간 사람	나에게 돈을 빌려준 사람
차인	대인
돌려 받을 돈이므로 자산	갚을 돈이므로 부채 (단, 회사가 주주로부터 출자 받은 돈은 자본)
자산의 증가	부채의 증가

복식부기를 집대성한 파치올리의 도식을 보면 좀 더 이해하기 쉽다. 파치올리는 나(회계주체)를 기준으로 상대방에게 갚을 돈(부채)이 대변, 내가 상대방에게 받을 돈(자산)이 차변이 된다고 설명했다.

좀 더 쉬운 예를 들어보자. 만약 '로이드가 A라는 사람으로부터 빌린 100만원으로 시계를 사서 커피하우스에 걸어두었다'는 내용을 회계장부

에 기록한다면, 복식부기는 다음과 같다.

차변(Dr: Debtor)	대변(Cr: Creditor)
시계 100만원	차입금 100만원
가게에 걸어둔 100만원짜리 시계	시계를 구입함으로써 생긴 갚을 돈 100만원
자산 증가 100만원	부채 증가 100만원

　로이드가 회계처리를 할 때 100만원짜리 시계가 생긴 것은 자산의 증가이므로 차변에, A로부터 빌린 100만원의 차입금은 향후 갚아야 하는 부채의 증가이므로 대변에 기록해야 한다.

왜 차변은 왼쪽이고, 대변은 오른쪽일까?

　로이드는 차변이 '자산의 증가를 기록하는 곳', 대변이 '부채의 증가를 기록하는 곳'이라는 것을 겨우 이해했다. 하지만 여전히 왜 차변을 왼쪽에, 대변을 오른쪽에 기록해야 하는지 아리송했다. 이에 대해서는 복식부기의 아버지 파치올리도 명확하게 설명하지 않았다. 개인적으로 필자는 차변을 왼쪽으로 정한 데는 관습이 작용했을 것으로 본다.

　시계를 예로 들어보자. 우리는 왜 시계를 왼쪽 손목에 찰까? 그 이유는 대부분의 사람들이 오른손잡이기 때문이다. 오른손잡이들은 왼쪽 손목에 시계를 차야 왼손에 찬 시계의 태엽을 오른손으로 수월하게 감을 수 있다. 만약 세상 사람들 대부분이 왼손잡이였다면 시계는 오른손에 차도록 만들어졌을 것이다.

　복식부기에서 차변을 왼쪽으로 정한 것도 특별한 이유가 있어서가 아니라 이런 관습 때문이 아닐까? 오른손잡이의 관점에서 볼 때 자금의 흐름이 오른쪽(대변)에서 시작(조달)하여 왼쪽(차변)으로 흘러가야 자연스러웠을

테니 말이다. 차변과 대변이 헷갈리면 이렇게 기억하자.

시계(자산)는 왼손(차변)에 찬다.

복식부기의 기원이 한국이라고?
사개송도치부법

2014년 2월 26일, 문화재청은 송도(개성)지역에서 활동했던 박재도 상인 집안의 후손인 박영진 씨가 소장해 온 1887년부터 1912년까지 25년 동안의 회계기록이 담긴 회계장부와 회계서류를 문화재(제587호)로 등록했다. 이 회계장부는 '사개치부법'이라는 복식부기 방식으로 작성되었다. 이는 우리나라에서도 오래전부터 복식부기 방식으로 회계장부를 작성해 왔다는 것을 입증하는 자료로서 회계사적으로 큰 의미를 지닌다.

∧ 문화재 제587호 개성 복식부기 장부 ⓒ문화재청

송도 상인들은 회계장부에 자산, 부채, 이익, 손해라는 4가지 요소와 주는 사람, 받는 사람, 주는 것, 받는 것이라는 4가지 요소(사개)가 빈틈없이 딱 들어맞도록 회계기록을 정리(치부)했다. 그래서 '사개치부법'이라고 하며 이러한 회계방식이 송도에서 유래했다고 해서 '사개송도치부법'이라고 한다. 사개치부법으로 작성한 박재도 상인 집안의 회계장부는 이들이 거래를 차변과 대변으로 나누어 기록하고, 복식부기 방식으로 회계처리를 했음을 보여준다.

송도 상인들은 언제부터 사개치부법을 사용했을까?

1916년 출간된 《실용자수 사개송도치부법(젼)》에서는 고려시대 개성상인들이 13세기 복식부기를 사용한 이탈리아 상인들보다 약 200년 앞선 약 11세기부터 사개치부법을 사용했다고 주장한다. 이

주장은 1917년 〈동경경제잡지〉에 '고려시대에 복식부기가 있었다'는 글이 실리면서 일본에도 알려졌다. 1918년에는 오스트레일리아 회계학잡지 〈연방 회계사〉에서 복식부기를 창안한 국가가 한국이라고 소개되기도 했다. 반면 이는 한국학자들의 주장일 뿐 역사적으로 입증되지 않았다는 주장도 있다.

복식부기는 정말 한국에서 기원한 것일까? 소설 《베니스의 개성

∧ 서양인이 그린 최초의 아시아인. 루벤스, 〈한복 입은 남자〉, 1617

상인》(오세영 저, 2002)에 나오는 이야기처럼 조선의 개성상인이 임진왜란으로 인해 파란만장한 과정을 겪으며 베니스로 가서 고려시대 조상들로부터 전수받은 복식부기를 베니스 상인들에게 알려준 것은 아닐까? 그렇다면 루벤스의 그림 〈한복 입은 남자〉는 이탈리아로 가서 복식부기를 전파한 개성상인을 모델로 한 것이었을지도 모른다.

고려시대 개성상인들이 최초로 복식부기를 발명했고, 이것이 서양에 전해진 것이 사실이라면 실로 대단한 일이다. 다만, 고려시대 개성상인들이 복식부기 방식으로 작성한 회계장부가 남아있지 않아 이를 입증할 수 없음이 안타까울 따름이다.

회계의 항등식
자산 = 부채 + 자본

누군가 신이라 부르는 것은
다른 사람이 '물리법칙'이라 부르는 것이다.
— 니콜라 테슬라, 미국 전기공학자

복식부기에서 차변과 대변을 이해했다면 이제 회계의 항등식을 알아볼 차례다. 회계의 항등식은 복식부기라는 회계의 출발점에서 재무제표의 작성이라는 회계의 종점까지 아우르는 회계의 기초원리다. 회계를 이해하기 위해서는 복식부기뿐만 아니라 회계의 항등식에 대한 이해가 필수적이다. 그전에 자산, 부채, 자본이 무엇인지 정확하게 알고 시작하자.

헷갈리지 말자! 자산, 부채, 자본?

자산이란 기업의 미래 현금 유입에 기여할 잠재력을 지닌 자원을 말한다. 판매하기 위해 보유하고 있는 재고자산, 물건을 팔고 아직 받지 않은 외상매출금, 타인에게 빌려준 대여금, 토지나 건물과 같은 유형자산 등은 모두 향후 영업활동을 통해 기업의 미래 현금 유입에 기여하기 때문에 회계상 자산으로 처리한다.

부채는 미래에 현금이 유출될 것으로 기대되는 현재의 의무를 말한다. 외상으로 구입한 물건매입대금, 타인으로부터 빌린 차입금, 향후 납부해야 하는 세금 등은 모두 미래에 현금이 유출될 것이 예정되어 있기 때문에 부채가 된다.

　자본은 기업의 자산에서 부채를 빼고 남은 잔여금액이다. 주주에게 돌아갈 몫을 의미한다.

　여기서 한 가지 의문이 생긴다. 기업이 사업을 하기 위해서는 돈이 필요하다. 기업은 주주로부터 투자받은 돈(자본)과 제3자로부터 빌린 돈(부채)으로 필요한 자금을 조달한다. 기업이 주주나 채권자와 별도로 존재하는 별개의 주체라고 한다면, 기업이 주주나 채권자로부터 받은 돈(자산)은 모두 나중에 갚아야 하는 돈(부채)이 아닐까?

자산 = 채권자로부터 빌린 돈(부채) + 주주로부터 투자 받은 돈(부채?)

　하지만 기업의 자산이 무조건 부채를 의미하는 것은 아니다. 그 이유는 주주와 채권자의 권리에 근본적인 차이가 있기 때문이다. 기업이 채권자로부터 빌린 돈은 무조건 갚아야 하며 못 갚으면 법적인 책임을 져야 한다. 그래서 채권자로부터 빌린 돈은 모두 기업 입장에서 '갚아야 하는 돈'인 부채가 된다.

　하지만 주주로부터 투자받은 돈(자본)은 반드시 갚지 않아도 된다. 기업이 채권자로부터 빌린 돈인 부채를 갚고도 남는 돈이 있을 때만 주주에게 돌려주면 된다. 남는 돈이 없으면 주지 않아도 된다. 주주에게 돈을 갚지 않아도 법적으로 문제가 없고, 주주 역시 돈을 돌려달라고 주장할 권리가 없다. 주주는 채권자와 달리 '기업에 남는 돈에 대한 청구권'만 가지고 있기 때문이다. 그래서 남는 돈이 있을 때만 기업에 투자한 돈(자본)을 돌려받을 수 있다.

예를 들어, 어떤 회사가 주주로부터 1,000만원의 투자금을 받고 동시에 은행으로부터 1,000만원의 대출을 받아 2,000만원의 자산을 가지고 사업을 시작했다고 가정해 보자. 1년 동안 사업이 잘되어 1,000만원의 순이익이 생긴 경우 은행에 빌린 돈 1,000만원을 갚고 나면 주주에게 2,000만원이 돌아간다. 반면, 사업이 잘되지 않아 1,000만원의 순손실이 발생했다면 회사에 남아 있는 돈은 1,000만원뿐이다. 이 돈으로 은행 빚 1,000만원을 갚고 나면 주주에게 돌아갈 몫은 0원이 된다.

이와 같이 주주와 채권자는 기업에 돈을 투자한다는 점에서는 같지만, 돈을 돌려받을 권리 측면에서는 차이가 있다. 회사에 들어온 돈(자산)은 채권자로부터 빌린 돈(부채)과 주주에게 돌아갈 돈(자본)으로 구분해서 관리해야 한다. 회사는 가지고 있는 자산으로 채권자의 부채를 먼저 갚아야 하고 남으면 주주에게 돌려줘야 한다. 따라서 어느 시점에서든 기업의 자산은 채권자에게 갚을 돈인 부채와 주주에게 돌아갈 몫인 자본의 합계액으로 표시할 수 있다.

자산 = 부채 + 자본

어느 시점에서든 자산을 부채와 자본의 합계로 표시하는 것을 회계의 항등식이라고 한다. 로이드 역시 복식부기를 하려면 자산=부채+자본이라는 회계의 항등식부터 이해해야 한다. 로이드가 커피하우스를 시작할 때 5,000만원이라는 돈(자본)을 투자했기 때문에 로이드 커피하우스의 자산은

'자산=자본'의 형태로 구성된다. 하지만 만약 커피하우스가 추가로 타인으로부터 돈을 빌린다면 '자산=부채+자본'으로 변경될 것이다.

다시 요약하면 기업이 가진 자산은 부채와 자본의 합계이며, 기업의 자산을 팔아 부채를 갚고 남은 것이 주주의 몫이 된다. 어쩌면 아주 당연한 것 같아 보이지만, 회계의 항등식은 복식부기가 생겨난 이후 600년이 지난 1880년에 이르러서야 찰스 스프라그에 의해 체계적으로 정립되었다.

∧ '자산=부채+자본'이라는 회계의 항등식(The Algebra of Accounts)을 정리한 찰스 스프라그(1842~1912)

22

세상의 모든 회계거래는 8가지 유형 중에서 결정된다

고대 서아시아에서는 8을 마법의 숫자로 여겼다. 불교에서 8은 모든 것이 완성된 상태를 뜻하며, 중국에서는 8을 행운의 상징으로 여긴다. 성경에서 8은 인간이 새롭게 태어나는 날을 뜻한다.
— 조완선, 《외규장각 도서의 비밀 1》 중에서

로이드는 커피하우스에서 일어난 거래 중 회계장부에 기록할 거래를 파악한 후 해당 거래를 거래의 '원인'과 '결과'로 나누고 복식부기로 '자산의 증가'는 '차변'에, '부채의 증가'는 '대변'에 기록한다는 것을 알게 되었다. 그리고 어느 시점에서든 회계장부에 '자산=부채+자본'이라는 등식이 성립해야 한다는 것을 알고 매우 기뻤다.

그러나 로이드는 또다시 골머리를 앓아야 했다. 커피하우스에서 일어난 거래의 종류가 자산의 증가뿐만이 아니었기 때문이다. 그동안 커피하우스에서 일어난 수많은 거래들을 어떤 기준으로 차변과 대변에 기록해야 하는지 알 수가 없었다.

그러나 크게 걱정할 필요가 없다. 세상의 모든 회계거래는 '8가지 거래의 조합'으로 기록할 수 있기 때문이다. 이런 측면에서 8은 회계의 세상에서 완성을 상징하는 숫자다.

도대체 어떻게 세상의 모든 회계거래를 8가지 유형으로 조합할 수 있을까? 로이드가 커피하우스를 시작할 때 상황을 살펴보자. 로이드는 자신이 가진 돈(자본)으로 커피하우스 사업에 필요한 돈(자산)을 마련하여 커피사업을 시작했다. 이후 사업을 확장하느라 다른 사람에게 돈(부채)을 빌렸다고 가정해 보자. 본격적으로 영업을 시작하여 커피가 많이 팔리면 수익이 발생하여 자산이 증가하고 그 돈으로 부채를 갚고 나면 로이드가 가져갈 수 있는 돈(자본)도 늘어난다. 반대로 커피가 잘 안 팔리면 비용의 지출이 많아져서 자산이 줄어들고 부채가 늘어나며, 로이드가 가져갈 수 있는 돈(자본)도 적어진다.

결국 커피하우스에서 일어나는 일들은 모두 수익의 발생, 비용의 지출, 자산·부채·자본의 증가 또는 감소 중 하나에 해당한다. 따라서 로이드의 커피하우스에서 일어나는 거래들은 자산의 증가와 감소, 부채의 증가와 감소, 자본의 증가와 감소, 손익의 증가(수익의 발생)와 감소(비용의 지출)라는 8가지 유형 중 하나로 분류할 수 있다. 이 8가지 유형을 각각 다음과 같이 차변과 대변에 기록할 수 있다.

회계거래의 8가지 유형

차변	대변
자산 증가	자산 감소
부채 감소	부채 증가
자본 감소	자본 증가
비용 지출	수익 발생

복식부기에서는 자산의 증가를 차변에 기록하기로 약속했으므로 자산의 감소는 반대편인 대변에 기록한다. 부채와 자본의 증가는 대변에 기록하기로 하였으므로 그 반대인 부채의 감소와 자본의 감소는 차변에 기록한다. 수익이 발생하면 주주에게 돌아갈 몫인 자본이 증가하므로 수익의

발생은 자본의 증가와 마찬가지로 대변에, 비용을 지출하면 주주에게 돌아갈 몫이 줄어들어 자본이 감소하므로 비용의 지출은 자본의 감소와 마찬가지로 차변에 기록한다.

결국 모든 거래는 자산, 부채, 자본, 손익의 증가와 감소라는 8가지 유형 중 하나에 해당한다. 즉, 세상의 모든 회계거래는 거래의 내용을 원인과 결과로 나눈 후, 각각 이 8가지 유형 중 해당하는 것을 찾아 차변 또는 대변에 기록하면 된다.

로이드를 위해 알기 쉽게 예를 들어보자. 로이드는 1월 1일 자본금 5,000만원을 마련하여 커피하우스를 열었다. 이때 회계처리는 어떻게 해야 할까?

복식부기에서는 로이드가 자본금 5,000만원을 넣은 것이 거래의 원인이 되고, 커피하우스에 자산 5,000만원이 생긴 것이 거래의 결과가 된다. 회계처리의 주체인 커피하우스 입장에서 보면 5,000만원이라는 현금 자산이 증가했으므로 차변에 자산의 증가로 기록하고, 자본금 5,000만원은 대변에 기록하면 된다.

1월 1일 회계처리

차변	대변
자산(현금) 5,000만원	자본금 5,000만원

이후 일어난 거래 중 1월 1일에 있었던 거래를 살펴보자. 1월 1일 로이드는 건물주인과 커피하우스 월세 임대차계약을 하고 한 달치 월세 100만원을 주었다. 영업활동을 위해 월세라는 비용을 지출한 것은 거래의 원인이고, 현금 100만원이 줄어든 것은 거래의 결과다.

비용의 지출은 주주에게 돌아갈 몫인 자본의 감소로 이어지기 때문에 차변에 기록하고, 현금 100만원이 감소한 것은 자산의 감소에 해당하기 때문에 대변에 기록한다. 이것을 요약하면 다음과 같다.

1월 1일 회계처리

차변	대변
임차료 100만원 발생	현금 100만원 지출
비용 지출(=자본 감소)	현금 자산 감소

이렇듯 로이드의 커피하우스에서 일어난 모든 거래는 결국 자산 증가, 자산 감소, 부채 증가, 부채 감소, 자본 증가, 자본 감소, 수익 발생, 비용 지출이라는 8가지 유형 중 하나로 회계처리를 할 수 있다. 어떤가, 한글 24개 자음과 모음을 배우는 것보다 더 쉽지 않은가?

| 자산과 비용 | 아리송한 회계용어

비용은 영업활동을 위해 소모한 자산을 의미하며, 자산은 미래에 현금 유입과 같은 경제적 효익을 가져올 수 있는 잠재적 자원을 말한다.
로이드가 임차료를 내기 위해 현금을 지출한 것은 영업활동을 위해 자산(현금)을 소모한 것일 뿐 어떠한 자산의 증가로도 이어지지 않았으므로 비용의 지출(임차료 지급)로 처리해야 한다. 반면, 로이드가 현금을 지출하여 가구를 구입한 것은 커피하우스에 가구라는 유형자산을 증가시킨 셈이므로 자산의 증가로 처리한다.

23

회계거래는 일지처럼
날마다 기록한다

그들은 무기를 지니고 있지 않았다.
더욱 놀라운 것은 그것이 무엇인지도 모른다는 사실이다.
— 크리스토퍼 콜럼버스, 1492년 10월 12일[*] 《항해록》 중에서

로이드는 커피하우스에서 일어난 모든 거래를 원인과 결과로 구분한 후, 8가지 유형 중 해당하는 것을 찾아 차변과 대변에 적으면 된다는 것을 알게 되었다. 복식부기가 생각보다 어렵지 않고 체계적이라는 것에 감탄한 로이드는 한 달 동안 있었던 모든 거래를 장부에 기록해 보기로 했다.

거래를 회계장부에 기록하는 것을 분개分介라고 한다. 분개란 나누어서分 끼워넣는다介는 뜻으로, 거래를 원인과 결과로 나누어 차변과 대변에 기록한다는 뜻이다. 영어에서는 분개를 'Journal Entry'라고 하는데, 'Journal'이란 항해일지에서 따온 말이다. 매일매일 사건과 상황을 기록하는 항해일지처럼 회계에서도 매일매일 일어난 거래와 사건을 기록하는 것이 중요하다.

---

[*]   1492년 10월 12일은 콜럼버스가 신대륙을 발견한 날이다.

분개는 어디에 할까?

매일매일 발생한 거래에 대한 회계처리(분개)는 분개장 또는 회계전표에 한다. 하나의 회계거래마다 첨부해야 할 증빙들이 많기 때문에 요즘에는 대부분 각 회계처리별로 회계전표*를 작성하는 것이 일반적이다.

분개장

회사명: 로이드의 커피하우스   1686.1.1. ~ 1686.1.31.

전표번호	계정명	거래처명	차변	대변
	적요			

회계전표

작성일자: 1686년 1월 1일

차변			대변		
계정과목	적요	금액	계정과목	적요	금액
합계			합계		

---

* 회계전표는 회계거래가 발생한 사실을 입증하는 기초 서류다. 거래의 발생일자, 사유, 거래내용, 상대방, 금액, 계정과목 등을 기재하고 관련 증빙을 첨부하며, 현금거래가 수반되는지에 따라 입금전표, 출금전표, 대체전표로 구분한다. 입금전표는 현금의 입금이 이루어지는 거래를, 출금전표는 현금의 출금이 이루어지는 거래를, 대체전표는 현금의 입출금이 없는 거래를 기록할 때 사용한다.

커피하우스에서 발생한 거래 중 1월 2일 거래에 대한 분개, 즉 회계처리를 해 보자. 1월 2일에 발생한 거래는 다음과 같다.

로이드는 1월 2일 현금 1,200만원을 주고 가구를 구입했다.

먼저 거래의 원인과 결과를 구분해 보자. 거래의 원인은 가구라는 자산을 구입한 것이고, 거래의 결과는 1,200만원이라는 현금을 지출한 것이다. 거래의 8가지 유형에 대입하면 가구 구입은 자산의 증가이므로 차변에 기록하고, 현금 지출 1,200만원은 자산의 감소이므로 대변에 기록해야 한다. 이것을 회계전표에 기록하면 다음과 같다.

회계전표

작성일자: 1686년 1월 2일

차변			대변		
계정과목	적요	금액	계정과목	적요	금액
집기비품	가구 구입	1,200만원	현금	가구구입 (OO회사)	1,200만원
합계			합계		

로이드의 커피하우스에서 발생한 거래들에 관해서는 이와 같이 회계거래가 발생할 때마다 전표를 작성하고, 관련 증빙들을 첨부해 두면 된다. 회계전표 역시 항해일지처럼 매일매일 관리해야 한다.

분개한 거래는 원장에도 기록한다

전기

24

나는 잊기 위해서 적는다.

— 알베르트 아인슈타인

로이드는 한 달 동안 발생한 거래 중 회계처리를 해야 하는 것들을 회계전표에 기록(분개)할 수 있게 되었다. 이제 무엇을 해야 할까?

전표에 분개한 내용만으로는 특정한 시점(로이드의 경우 1월 31일)에 현금, 외상매출금 또는 차입금 등 자산과 부채가 얼마나 있는지 알 수 없고, 일정기간(로이드의 경우 1월 한 달)에 수익이나 비용이 얼마나 발생했는지 파악하기가 어렵다. 특히 현금 잔액을 파악하려면 매일매일의 회계전표를 하나하나 추적하면서 증감내역을 계산해야 한다. 만약 하루에 수백 또는 수천 건의 거래가 발생한다면 회계전표를 일일이 찾아서 계산해야 한다. 다른 자산이나 부채도 마찬가지다.

회계전표에 분개한 내용과 자산과 부채 각 항목들의 잔액을 쉽게 파악하기 위해서는 회계의 각 계정별원장General ledger을 작성해야 한다. 그리고 거래를 회계전표에 분개할 때마다 같은 내용을 각 계정별원장에도 옮겨 적어야 하는데, 이것을 전기라고 한다. 전기轉記란 이전하여 기록한다는 뜻이다.

로이드는 매일매일 일어난 거래들을 회계전표에 기록하는 동시에 계정별원장에도 기록하기로 했다. 로이드 커피하우스에서 발생한 첫 번째 거래를 계정별원장에 어떻게 전기하는지 알아보자.

1월 1일 로이드는 커피하우스에 자본금 5,000만원을 투자했다.

① 회계전표에 분개

1월 1일 발생한 거래를 원인과 결과로 구분한 후, 거래의 8가지 유형 중 해당하는 것을 찾아 회계전표에 분개한다.

회계전표

작성일자: 1686년 1월 1일

차변		대변	
계정과목	금액	계정과목	금액
현금	5,000만원	자본금	5,000만원

② 분개한 내용을 계정별원장에 전기

분개한 내용을 현금과 자본금 각각의 계정별원장에 전기한다. 분개 내용과 동일하게 차변에 분개한 현금은 현금계정의 계정별원장 차변에, 대변에 회계처리한 자본금은 자본금계정의 계정별원장 대변에 기록한다.

계정별원장(현금)

1686년 1월 1일 ~ 1686년 1월 31일

회사명: 로이드 커피하우스
계정과목: 현금

날짜	적요란	코드	거래처	차변	대변	잔액
1.1.	자본금 납입		로이드	5,000만원		5,000만원
합계						

계정별원장(자본금)

1686년 1월 1일 ~ 1686년 1월 31일

회사명: 로이드 커피하우스
계정과목: 자본금

날짜	적요란	코드	거래처	차변	대변	잔액
1.1.	현금자본금 입금		회사금고		5,000만원	5,000만원
합계						

각 거래가 발생할 때마다 분개한 내용을 계정별원장에 기록해 두면 특정 시점의 계정별잔액을 쉽게 파악할 수 있다. 다음 장에 나오는 현금 계정별원장에서 로이드 커피하우스의 1월 말 현금 잔액은 4,400만원이라는 것을 한눈에 알 수 있다.

이렇듯 회계의 각 계정별로 계정별원장을 작성해 두면 거래내역과 잔액을 쉽게 파악할 수 있으므로, 각 계정별로 장부를 별도로 작성해서 관리하는 것이 좋다.

계정별원장(현금)

1686년 1월 1일 ~ 1686년 1월 31일

회사명: 로이드 커피하우스   계정과목: 현금

날짜	적요란	코드	거래처	차변	대변	잔액
1.1.	설립자본금 입금		로이드	5,000만원		5,000만원
1.1.	임차료 지출		XX부동산		100만원	4,900만원
1.2.	가구 구입		XX회사		1,200만원	3,700만원
1월중	커피재료비 지출		거래처		300만원	3,400만원
1월중	커피판매대금 입금		고객	1,000만원		4,400만원
합계				6,000만원	1,600만원	4,400만원

| 계정과 계정별원장 |

계정

회계의 계정이란 자산, 부채, 자본, 수익, 비용을 보다 세부적으로 관리하기 위해 구분한 단위를 말한다. 자산은 현금, 예금, 재고자산, 외상매출금 등으로 구분하고 부채는 외상매입금, 차입금, 미지급세금 등으로 구분한다. 자본, 수익, 비용도 마찬가지다. 이렇게 세부적으로 구분한 단위를 현금계정, 예금계정, 재고자산계정 등으로 부른다.

계정별원장

계정별원장이란 각 계정별로 그날그날 회계처리 내역을 기록한 장부를 말한다. 로이드 커피하우스 현금계정의 계정별원장을 보면 1월 1일부터 1월 31일까지의 현금의 변동내역이 일목요연하게 기록되어 있다.

25

빠진 것이 없는지 체크한다
결산

재능이 없다고 말하는 사람들은
대부분 별다른 시도를 해 본 적이 없는 사람들이다.
— 앤드류 매튜스, 호주 작가

로이드는 1월 한 달 동안 커피하우스에서 발생한 거래 또는 사건 중 장부에 적어야 하는 것들을 파악했다. 각 거래별로 원인과 결과를 구분한 후 거래의 8가지 유형에 맞춰 복식부기 방식으로 분개하고 계정별원장에 기록하는 것도 마쳤다.

그러고 나자 1월 한 달 동안 손익이 얼마나 발생했는지, 1월 31일 현재 자산과 부채가 얼마나 있는지 궁금해졌다. 로이드는 재무제표 중 재무상태표와 손익계산서를 작성해 보기로 했다.

재무제표를 작성하기 위해서는 '결산'이라는 작업이 필요하다. 결산이란 한 회계기간(로이드의 경우 1월)에 회계처리 사항 중 오류나 누락된 것이 없는지 체크하고, 회계기준에 따라 추가로 회계처리를 해야 하는 사항이 있으면 이를 반영하여 각 계정별원장을 마감한 후 손익을 산정하고 재산상태를 파악하는 일련의 작업을 말한다. 이 결산내역을 토대로 손익계산서와 재무상태표를 작성하게 된다.

로이드는 결산하기 위해 추가로 무엇에 대해 회계처리를 해야 할까?

1월에 발생한 거래 중 다음 2가지는 결산마감일인 1월 31일에 추가로 회계처리가 필요하다.

날짜	커피하우스에서 한 달 동안 있었던 거래 또는 사건
1월 2일	1,200만원을 주고 가구를 구입했다(가구들은 5년간 사용할 수 있다).
1월 31일	런던 세금징수관이 찾아와서 1월분 세금으로 100만원을 내야 한다고 세금통지서를 주고 갔다.

감가상각비 회계처리

건물, 기계장치, 집기비품 등의 유형자산은 계속 사용하다 보면 시간이 지남에 따라 가치가 감소하여 결국에는 사용할 수 없게 된다. 로이드가 1,200만원을 주고 구입한 가구 역시 5년이 지나면 가치가 없어져 사용할 수 없다.

이때 로이드가 가구를 사는 데 쓴 1,200만원은 현금으로 지출한 당시에 곧바로 비용으로 처리할 수도 있지만, 복식부기에서는 가구가 5년 동안 커피하우스의 수익 창출에 기여한다고 판단하여 그 기간 내에 나누어서 비용으로 처리한다. 이렇게 비용을 일정 기간에 걸쳐 나눠서 처리하는 것을 감가상각이라고 한다.

감가상각이란 영업활동을 위해 취득한 자산 중 시간의 경과에 따라 가치가 감소하는 것을 일단 자산으로 처리한 후, 사용 가능한 기간으로 나눠서 추후 감가상각비라는 비용으로 처리하는 것을 말한다. 회계상으로 가구는 5년 동안 사용할 수 있고[*], 그중 1개월이 경과했기 때문에 1개월 동안

---

[*] 회사마다 자산별로 경제적 내용연수(사용 가능한 기간)를 추정하여 감가상각기간을 정한다.

의 가치감소분을 감가상각비로 처리해야 한다. 감가상각비로 처리한 금액은 총액주의(7장 참고)에 따라 자산(가구)의 취득가액에서 곧바로 차감하지 않고 감가상각누계액이라는 자산의 차감항목에 별도계정으로 기록한다.

1월 31일 회계처리

차변	대변
감가상각비(비용 지출) 20만원	감가상각누계액(자산 감소) 20만원

* 감가상각비 20만원은 1,200만원÷5년÷12개월로 계산

미지급비용 회계처리

1월 31일에 세금징수관이 세금통지서를 주고 갔지만 로이드는 아직 세금을 납부하지 않았다. 하지만 1월분에 해당하는 세금이라서 1월의 손익을 계산할 때 비용으로 반영해 두고, 회계처리는 '향후 갚을 돈'인 부채가 발생한 것으로 해야 한다.

1월 31일 회계 처리

차변	대변
세금(비용 지출) 100만원	미지급법인세(부채 증가) 100만원

이와 같이 회계기간 종료일에 재무제표를 작성할 때 그동안 발생한 회계처리에 오류는 없는지, 회계기준에 따라 추가로 회계처리를 조정할 것은 없는지 등을 체크하여 최종적으로 회계처리를 하고 장부를 마감한 후 수입과 지출을 계산해 재산상태를 파악하는 것을 '결산'이라고 한다.

26

'로이드 커피하우스'의
재무제표를 작성해 보자

혁신은 리더와 추종자를 구분하는 잣대다.
— 스티브 잡스

마침내 로이드는 커피하우스의 1월 재무제표를 작성할 준비를 마쳤다. 이제 재무제표 중 손익계산서와 재무상태표를 작성해 보자. 재무제표를 작성할 때는 손익계산서를 먼저 작성한 후 재무상태표를 작성해야 한다.

앞서 말했듯이 사업을 통해 수익이 발생하면 주주에게 돌아갈 몫(자본)이 늘어나고, 반대로 비용을 지출하면 주주에게 돌아갈 몫이 줄어든다. 손익계산서는 경영성과 평가를 통해 수익과 비용이 얼마나 발생했는지 그리고 수익에서 비용을 차감한 이익이 얼마인지 계산하는 표다. 이는 자본의 증감에 영향을 주기 때문에 손익계산서를 먼저 작성한 후 재무상태표를 작성한다.

손익계산서 작성

로이드는 커피판매로 1,000만원의 매출(수익 발생)을 올렸고, 커피의 재료비 등 매출원가로 300만원을 지출했다. 매출원가란 제품을 만드는 데 들어간 재료비, 인건비, 기타 경비 등을 말한다. 커피를 만드는 데 들어가는 원두, 물, 종이컵 등이 커피의 매출원가가 된다. 매출액에서 매출원가를 뺀 금액을 '매출총이익'이라고 한다.

영업활동을 위해 지출한 비용 중 매출원가 이외의 금액은 '판매관리비'(판매비와 관리비)로 처리한다. 1월분 건물임차료와 가구의 1개월치 감가상각비 등이 여기 속한다.

인건비 중 매출을 얻는 데 기여하는 사람의 인건비는 매출원가가 되지만 그렇지 않은 사람의 인건비는 판매관리비가 된다. 수도세나 전기세와 같은 비용 역시 커피를 만드는 데 들어간 부분은 매출원가로 반영하고 나머지 부분은 판매관리비로 처리한다.

매출총이익에서 판매관리비를 차감한 것이 '영업이익'이다. 영업이익이란 영업활동을 통해 벌어들인 수익에서 영업활동에 들어간 비용을 차감한 금액이다. 영업이익이 양수(+)라는 것은 영업활동을 통해 흑자가 발생했다는 뜻이다.

'영업외손익'이란 영업활동 이외에서 발생한 손익을 말한다. 커피하우스의 주된 영업활동은 커피의 판매이기 때문에 이와 직접적으로 관련이 없는 수익이나 비용, 예를 들어 가구를 중고로 매각할 경우 차익 또는 차손이 있을 경우 영업외손익으로 반영한다.

'법인세'는 법인이 벌어들인 소득에 대해 내는 세금을 말한다. 영업이익에서 영업외손익을 가감하고 법인세를 뺀 금액을 '당기*當期순이익'이라고 한다.

---

* 당기(當期)란 전기(前期)와 구분되는 개념으로 이번 회계기간을 말한다. 로이드가 월별로 재무제표를 작성할 경우 1월이 당기가 된다.

매출액 – 매출원가 = 매출총이익

매출총이익 – 판매관리비 = 영업이익

영업이익 + 영업외수익 – 영업외비용 = 법인세차감전순이익

법인세차감전순이익 – 법인세 = 당기순이익

로이드 커피하우스의 손익계산서

과목	제1(당)기
	금액(단위: 원)
매출액	10,000,000
(-) 매출원가	3,000,000
= 매출총이익	7,000,000
(-) 판매관리비 　– 임차료 　– 감가상각비	1,200,000 1,000,000 200,000
= 영업이익	5,800,000
+ 영업외수익	
(-) 영업외비용	
= 법인세차감전순이익	5,800,000
(-) 법인세	1,000,000
= 당기순이익	4,800,000

재무상태표 작성

손익계산서가 완성되었다면 이제 재무상태표를 작성해보자. 재무상태표는 특정한 시점(로이드의 경우 1월 말)에 자산, 부채, 자본이 각각 얼마나 있는지를 보여주는 표다.

재무제표 중 자산은 유동자산과 비유동자산으로 구분한다. 1년 이내에 회수할 수 있는 금액은 유동자산으로, 유동자산이 아닌 자산은 비유동

자산으로 본다. 마찬가지로 부채도 1년 이내에 갚아야 하는 것은 유동부채로, 유동부채가 아닌 것은 비유동부채로 분류한다.

로이드 커피하우스의 자산은 유동자산인 현금 4,400만원, 비유동자산 중 가구라는 유형자산 1,200만원으로 구성된다.* 가구처럼 물리적 실체가 있는 자산은 유형자산으로, 영업권이나 상표권 등 물리적 실체가 없는 권리는 무형자산으로 처리한다. 커피하우스에는 무형자산은 없다.

가구의 감가상각비(99쪽 참고)는 별도 과목(감가상각누계액)으로 표시한 후 유형자산에서 차감하는 방식으로 회계처리 한다.

커피하우스의 부채는 미지급한 1개월치 세금뿐이다. 자본은 로이드가 투자한 자본금 5,000만원과 1개월 동안 영업활동으로 벌어들인 돈 중 주주인 로이드에게 돌아갈 몫인 이익잉여금(당기순이익의 누적 합계액) 480만원이다.

| 이익잉여금 |

아리송한 회계용어

기업의 영업활동을 통해 순이익이 발생하여 주주에게 돌아갈 몫이 늘어나면, 그 금액은 자본 항목 중 '이익잉여금'이라는 계정에 별도로 표시한다. 이익잉여금이란 '이익이 생겨서 기업에 남아있는(잉여) 금액'을 의미한다. 따라서 매 회계연도 당기순이익의 누적 합계액이 곧 이익잉여금이 된다. 기업에 이익잉여금이 있다는 것은 주주가 투자한 자본금 외에 추가로 받아갈 금액이 있다는 것을 의미한다.

---

* 　재무상태표상 자산은 계정별원장의 잔액금액과 같다. 예를 들어, 재무상태표의 현금 4,400만원은 앞서 살펴본 현금계정의 계정별원장 잔액과 일치한다.

커피하우스의 1월 31일 기준 재무상태표는 다음과 같다.

로이드 커피하우스의 1월 31일 재무상태표

과목	제1(당)기
	금액(단위: 원)
자 산	
I. 유동자산	44,000,000
현 금	44,000,000
기타유동자산	
II. 비유동자산	11,800,000
(1) 유형자산	
집기비품(가구)	12,000,000
(감가상각누계액)	(200,000)
(2) 무형자산	
(3) 기타비유동자산	
자산 총계	55,800,000
부 채	
I. 유동부채	1,000,000
미지급법인세	1,000,000
II. 비유동부채	
부채 총계	1,000,000
자 본	
I. 자본금	50,000,000
II. 이익잉여금	4,800,000
자본 총계	54,800,000
부채와 자본 총계	55,800,000

27

장부가 제대로 작성되었을까?
대차평형의 원리

창의적인 인재는 끊임없이 놀라고
끊임없이 의심한다.
— 윌리엄 테일러, 《차별화의 천재들》중에서

로이드는 커피하우스에서 발생한 1월 한 달 동안의 거래 또는 사건 중 회계처리를 해야 하는 것들을 파악한 후 회계전표에 분개하고 계정별원장에 전기했다. 그런 다음 결산을 통해 손익계산서와 재무상태표 작성까지 무사히 마쳤다. 로이드는 1월 한 달 동안 벌어들인 순이익이 480만원이었다는 것과 1월 31일 기준으로 자산, 부채, 자본의 현황을 알게 되어 매우 기뻤다. 그런데 불현듯 다른 걱정이 떠올랐다. 처음 해 본 회계처리가 제대로 되었는지, 손익계산서와 재무상태표가 올바르게 작성되었는지 확인할 길이 없었기 때문이다. 과연 로이드는 커피하우스의 재무제표를 제대로 작성했을까?

결론을 말하면 로이드는 크게 걱정할 필요가 없다. 그 이유는 복식부기에 자체 검증기능이 있기 때문이다. 복식부기는 회계의 항등식으로 인해 항상 차변과 대변이 일치하게 되어 있으며 오류가 발생하면 대차가 일치하지 않는다.

로이드의 커피하우스 재무상태표에 오류가 있는지 확인해 보자. 먼저 최초의 재무상태표를 살펴보면 회계의 항등식에 따라 최초의 자산은 부채와 자본의 합계액으로 구성된다.

자산 = 부채 + 자본

로이드는 부채를 사용하지 않았기 때문에 커피하우스의 자산 현금 5,000만원은 자본금 5,000만원과 일치한다.

현금 5,000만원 = 부채 0원 + 자본금 5,000만원

한 달이 지난 후인 1월 31일에는 미지급세금이라는 부채가 발생했지만, '자산 = 부채 + 자본'이라는 등식은 여전히 성립한다.

자산 5,580만원 = 부채 100만원 + 자본 5,480만원

이것이 어떻게 가능할까? 앞서 말했듯 복식부기에서는 하나의 거래를 두 개로 나누어 하나는 차변에, 다른 하나는 대변에 기록한다. 이때 차변의 금액과 대변의 금액은 동전의 양면처럼 항상 일치한다. 그러므로 몇 번의 거래가 있든지 간에 차변의 합계액은 대변의 합계액과 일치할 수밖에 없다. 즉, 대차는 항상 평형(平均)을 이룬다. 이것을 회계에서는 대차평형의 원리 또는 대차평균의 원리라고 한다. 대차평형의 원리는 회계거래의 8가지 유형으로 이루어지는 회계처리를 통해서도 확인할 수 있다.

회계거래의 8가지 유형

차변	대변
자산 증가	자산 감소
부채 감소	부채 증가
자본 감소	자본 증가
비용 지출	수익 발생

회계기간[*] 중 회계처리에서는 위와 같이 증가와 감소로 나누어 기록하지만, 이를 회계의 항등식 '자산=부채+자본'을 기준으로 모으면 다음과 같다.

차변		대변
		(부채 증가 - 부채 감소)
(자산 증가 - 자산 감소)	=	+ (자본 증가 - 자본 감소)
		+ (수익 발생 - 비용 지출)

최초 자산금액에서 회계기간 중 변동금액인 (자산의 증가 - 자산의 감소) 금액을 가감하면 특정한 시점(기말)의 자산 잔액이 된다. 부채와 자본도 마찬가지다. 결국 최초 시점의 자산, 부채, 자본 금액에서 회계기간 중 증가와 감소분을 반영하고 나면 특정 시점의 자산, 부채, 자본의 잔액이 된다.

---

[*] 회계기간이란 재무제표를 작성하기 위하여 구분한 기간을 말한다. 로이드가 1개월마다 재무제표를 작성하기로 한 경우 1.1~1.31 까지의 기간이 회계기간이 된다.

차변		대변
기초 자산	=	기초 부채 + 기초 자본
회계기간 중 변동분 회계처리		
(자산 증가 - 자산 감소)	=	(부채 증가 - 부채 감소) + (자본 증가 - 자본 감소) + (수익 발생 - 비용 지출)
기말 자산의 잔액	=	기말 부채의 잔액 + 기말 자본의 잔액

로이드 커피하우스도 마찬가지다. 1월 초 재무상태표의 금액에 회계기간 중 회계처리를 반영하여 1월 말에 작성한 재무상태표의 자산 잔액이 부채와 자본의 잔액 합계액과 항상 일치해야 한다.

로이드 커피하우스의 월말 재무상태표

자산 5,580만원 = 부채 100만원 + 자본 5,480만원

만약 이 등식이 성립하지 않으면 어디선가 오류가 발생한 것이다. 커피하우스의 1월 31일 재무상태표에서는 자산의 금액이 부채와 자본의 합계액과 일치하므로 제대로 작성했음을 알 수 있다. 따라서 로이드는 안심해도 된다.

로이드 커피하우스,
런던의 플랫폼이 되다

실제 역사 속 '로이드 커피하우스'는 어떻게 되었을까? 1688년 런던의 〈가제트〉 신문에 흥미로운 광고가 실렸다.

고급 시계 5개를 훔쳐간 범인을 찾고 있음. 범인에 관한 정보를 알려주면 금화 1 기니를 사례하겠음. 신고와 연락은 타워 스트리트에 있는 '로이드 커피하우스'로 해 주시기 바람.

광고 내용 중 인상적인 것은 신고 및 연락 장소가 로이드 커피하우스라는 것이다. 시계를 잃어버린 사람은 왜 로이드 커피하우스를 연락장소로 택했을까? 런던에서 신문을 읽을 정도의 사람이라면 누구나 알 만큼 명소였기 때문일 것이다.

당시 런던에만 3,000여 개의 커피하우스가 있었다는 것을 고려할 때 로이드 커피하우스는 짧은 시간 내에 엄청난

▲ 윌리엄 홀랜드, 〈로이드 커피하우스〉, 1789

성공을 이룬 것으로 보인다.

커피하우스의 성공에 힘입어 로이드는 1696년 〈로이드 뉴스〉라는 정보지를 발행했다. 항해에 관한 정보가 특히 큰 인기를 끌었고, 영업도 계속 호황이었다.

로이드가 죽은 이후 사업은 다른 사람에게 넘어갔지만 '로이드'라는 사명은 살아남았다.

로이드의 후계자들은 1734년 〈로

∧ 현재의 로이드 빌딩

이드 리스트〉를 창간하여 항해와 해상보험에 관한 소식을 다뤘고, 1760년부터 선박등기업무를 시작한 것을 계기로 1771년에는 오늘날 로이드보험의 원조인 로이드클럽을 세웠다.

로이드 커피하우스는 단순히 토론과 소통의 장을 넘어 언론 기능까지 맡았다. 런던의 정보 플랫폼이 된 것이다. 로이드 커피하우스에서 커피 한잔 마시며 뭔가 새로운 것을 알기 원했던 런던 시민들의 갈망은 영국에서 산업혁명과 민주주의가 탄생하는 계기가 되었고, 이를 동력으로 삼아 영국은 그 어느 나라보다도 빨리 자본주의와 민주주의를 이룰 수 있었다.

회계를 알면
돈의 흐름이 보인다

28

너의 재무상태를 알라
재무상태표

> 너 자신을 알라.
> — 소크라테스

만약 소크라테스가 회계에 능통했다면 회계를 처음 시작하는 사람들에게 이렇게 말했을 것이다. "너의 재무상태부터 알라." 자신의 재무상태를 파악하는 것에서부터 회계를 시작해야 한다는 뜻이다.

회계는 자신의 재무상태를 파악한 후 시간의 경과에 따라 이것이 어떻게 변동해 가는지를 기록 및 관리하는 일련의 과정이다. 복식부기 회계를 집대성한 루카 파치올리 역시 상인이라면 자신의 재산과 부채를 조사하여 재물조사표를 작성하는 것에서부터 시작해야 한다고 했다. 재무상태의 파악이 회계의 출발점이라는 이야기다.

재무상태의 파악은 내가 자본을 얼마나 투자하여 사업을 시작했고, 갚아야 하는 부채는 얼마나 되며, 현재 가지고 있는 자산은 무엇인지를 확인하는 것을 말한다. 이처럼 자신의 현재 자산, 부채, 자본 현황을 파악하는 것이 회계의 시작이다. 회계의 항등식에 의하면 기업이 현재 가지고 있는 자산은 타인에게 갚아야 하는 부채와 주주에게 돌아갈 몫인 자본의 합계액과 일치한다.

결국 재무상태의 파악은 현재 가지고 있는 자산, 부채, 자본을 확인하여 현재 시점의 재무상태표를 작성하는 것을 말한다.

재무상태표는 특정 시점에 기업이 소유하고 있는 자산, 부채 그리고 자본의 잔액을 세부적으로 보여주는 표다. 과거에는 대차대조표라는 용어를 사용했으나 그 의미가 명확하지 않아 현재는 재무상태표로 통일하여 부른다. 영어로는 Balance Sheet(B/S)라고 한다.

∧ 메소포타미아 우르 왕조의 재무상태표(기원전 2040년경). 메소포타미아 문명 시절에도 재무상태표를 작성했다는 사실은 회계에서 재무상태의 파악이 얼마나 중요한지를 알려준다.

재무상태표는 회사의 자산, 부채, 자본 현황을 보여줌으로써 재무구조가 건전한지, 유동자금은 충분한지, 부채의 규모는 적정한지 등과 같이 이해관계자들의 의사결정에 유용한 정보를 제공한다.

분류	기준
유동자산/ 비유동자산	1년 이내에 현금화가 가능한 자산은 유동자산으로, 유동자산 외의 자산은 비유동자산으로 분류한다.
당좌자산	유동자산 중 곧바로 현금화할 수 있는 자산. 대표적으로 현금과 예금, 현금성자산, 단기투자자산, 단기대여금, 외상매출금 등이 있다.
재고자산	제품이나 상품처럼 판매를 위해 보유하고 있는 자산
투자자산	1년 이상 장기적인 투자를 목적으로 보유하고 있는 자산. 매도가능증권, 종속회사나 관계회사 주식, 장기대여금, 투자부동산 등이 있다.
유형자산	재화의 생산과 용역의 제공 등 영업활동을 수행하는 데 장기간 사용되는 것으로 물리적 실체가 있는 자산. 토지, 건물, 기계장치, 차량, 비품 등이 있다.
무형자산	영업활동에 사용할 목적으로 장기간 보유하고 있지만 물리적 실체가 없는 자산. 영업권, 산업재산권, 개발비 등이 있다.
유동부채/ 비유동부채	1년 이내에 갚아야 하는 부채는 유동부채로, 유동부채 이외의 부채는 비유동부채로 분류한다.
확정부채와 충당부채	확정부채는 지급의무가 이미 확정된 부채를 말한다. 외상매입금, 차입금 등이 이에 해당한다. 반면에 충당부채란 아직 지급의무가 확정되지는 않았지만, 향후에 현금이 지출될 가능성이 높고 그 금액을 신뢰성 있게 추정할 수 있을 때 미리 부채로 반영해 두는 금액을 말한다. 퇴직급여충당부채, 제품보증충당부채 등이 있다.
사채	일반인들로부터 거액의 자금을 조달하기 위해 회사가 채무증권을 발행하여 조달하는 채무를 말한다.
자본금	주주가 회사에 불입한 납입자본 총액 중 발행주식의 액면총액을 말한다.
자본잉여금	자본거래로 발생한 잉여금을 말한다. 대표적으로 주식발행초과금이 있다. 주식을 발행하면 주식의 액면가액은 자본금으로, 액면가액을 초과하는 금액은 주식발행초과금이라는 과목으로 자본잉여금에 반영한다.
이익잉여금	영업활동으로 인해 발생한 이익 중 회사 내부에 적립해 둔 금액을 말한다.

회계상 자산

사람들은 10년 후 어떤 변화가 있겠느냐고는 질문해도,
10년이 지나도 바뀌지 않을 게 무엇이냐고는 질문하지 않는다.
— 제프 베조스, 아마존닷컴 CEO

2017년 세계의 부자 순위에 지각변동이 일어났다. 아마존닷컴의 주식가치가 급등하면서 최대주주이자 CEO인 제프 베조스가 수십 년간 부동의 1위였던 빌 게이츠를 제치고 세계 최고의 부자로 등극했기 때문이다.

제프 베조스가 1994년 설립한 아마존닷컴Amazon은 온라인으로 책을 팔던 회사를 넘어 이제는 세계 최대의 전자상거래업

∧ 제프 베조스(1964~)

체로 성장했다. 2000년에는 우주여행 프로젝트를 진행하는 블루 오리진Blue Origin사를 설립했고, 2013년에는 〈워싱턴포스트〉The Washington Post지를 인수했다. 투자의 귀재 워런 버핏은 인터뷰에서 베조스의 과거, 현재 그리고 미래를 고려할 때, 자신이 본 경영자 중 최고의 업적을 남길 것이라고 말했다.

베조스는 어느 정도의 부자일까? 언론기사를 통해 살펴보자.

아마존닷컴의 창업자이자 최고경영자(CEO)인 제프 베조스의
자산이 24일 1,000억달러(약 109조원)를 넘어섰다. 빌 게이
츠 마이크로소프트(MS) 창업자에 이어 약 20년 만에 등장한
1,000억달러 자산가다.

－ 머니투데이 2017.11.25.

제프 베조스 아마존 CEO가 지난해에 이어 올해도 억만장자 순
위에서 1위를 차지했다. 10일 CNBC와 블룸버그 등에 따르면
베조스의 재산은 1,060억 달러(113조 4,600억여 원)로 세계
억만장자 가운데 가장 재산이 많은 것으로 집계됐다.

－ 비즈니스포스트 2018.1.10.

10월 3일 포브스는 2018년 미국 400대 억만장자 순위를 발표
했다. 베조스는 1,600억 달러(약 180조 1,920억 원)의 순자산
을 보유해 24년간 1위를 차지해온 빌 게이츠 마이크로소프트
(MS) 창업자를 제쳤다.

－ 이투데이 2018.10.4.

아마존이 그에게 가져다 준 부富를 보면 놀라울 따름이다. 그런데 뉴스
를 자세히 읽다 보면 한 가지 궁금증이 생긴다. 베조스가 얼마나 부자인가
를 말하면서 재산, 자산, 순자산 등 각각 다른 용어를 사용하고 있기 때문
이다. 재산, 자산, 순자산은 모두 같은 뜻일까, 아니면 차이가 있을까?

먼저 우리가 일상생활에서 가장 흔히 사용하는 '재산'에 대해 살펴보자. 재산이란 보통 '유형·무형의 경제적 가치가 있는 것'을 말한다. 현금이나 아파트 등 유형의 것뿐만 아니라 상표나 저작권 같은 무형의 것도 가치가 있다면 모두 재산에 포함된다. 재산은 보통 행정, 법률 등 회계 이외의 분야에서 주로 사용하는 개념이다. 부부가 이혼할 때 '공동재산'을 분할하거나 부모의 사망으로 자녀들이 '상속재산'을 분할할 때 '재산'이라는 용어를 쓴다.

자산과 순자산은 회계에서 주로 사용하는 용어다. 회계상 자산이란 미래 현금 유입에 기여할 잠재력을 지닌 자원을 말한다. 순자산이란 자산에서 부채를 뺀 금액이다.

재산은 소유의 측면을 강조한 법률적 개념이지만 자산은 경제적 성격이 강한 회계적 용어다. 따라서 재산은 보통 법으로 규정한 것에 한정되지만, 자산은 실체나 소유권이 없어도 회계기준에 맞으면 인정된다. 대표적인 것이 책이다. 개인이 가지고 있는 책은 보통 재산으로 보지 않는다(물론 고서처럼 가치 있는 것은 다를 수 있다). 하지만 회계상으로는 돈을 버는 데 기여하는 경우 책도 자산이 될 수 있다. 아마존닷컴이 소유한 책은 주요 수입원이 되므로 회계상 자산에 속한다.

따라서 베조스는 회계상으로는 자산가, 자산에서 부채를 뺀 금액을 기준으로 하면 순자산가, 회계 이외의 측면에서 보면 재산가가 된다. 이렇듯 비슷하지만 조금씩 차이가 있다.

30

교육비는 자산이 아니다
자산과 비용의 구분

내가 가장 가치를 두는 자산은
건강, 흥미, 다양성 그리고 오래가는 우정이다.
— 워런 버핏

자식교육의 끝판왕은 맹자의 모_母일 것이다. 맹모삼천지교孟母三遷之敎. 맹모가 맹자의 교육을 위해 공동묘지와 시장을 거쳐 서당 근처로 가기까지 세 번이나 이사했다는 뜻이다.

서당 근처는 묘지나 시장 근처보다는 생활비가 비쌌지만, 맹자에게 제대로 된 교육을 시키기 위해 맹모는 많은 비용과 희생을 감수했다. 결과적으로 볼 때 맹자를 세계 4대 성인 중 한 명으로 키워냈으니 맹모 입장에서는 그만한 가치가 있었던 셈이다.

∧ 맹자(기원전 372~289)

그렇다면 맹모가 맹자에게 투자한 비용은 모두 회계상 자산으로 인정받을 수 있을까? 앞서 회계에서 자산이란 '미래 현금 유입에 기여할 잠재력을 지닌 자원'을 뜻한다고 했다. 그렇다면 맹모가 교육에 쓴 비용은 맹자를 성인으로 만드는 데 일조했고, 이후 집안을 일으켜 경제적 수익을 가져왔다면 자산으로 인정받을 수 있지 않을까?

안타깝지만 교육비는 자산으로 분류하기 어렵다. 교육비는 자식이 성공하기를 바라는 마음에서 지출하는 것일 뿐 부모가 미래에 돈을 버는 데 직접적으로 기여하지 않기 때문이다. 자식에게 돈을 빌려주면 얘기가 다를 수 있다. 그렇지 않고 단순히 부모의 역할을 다하기 위해 지출한 교육비는 부모 입장에서 보면 미래 현금 유입에 기여할 것인지가 명확하지 않다. 따라서 자녀교육비는 부모 입장에서는 회계상 자산이 아닌 비용에 불과하다.

이런 관점에서 볼 때 워런 버핏이 가장 중요하게 생각하는 자산인 건강, 흥미, 다양성, 우정 역시 회계상 자산은 아니다. 향후 워런 버핏이 '돈을 버는 데 기여하는 자원'이 아니기 때문이다. 건강, 흥미, 다양성, 우정은 워런 버핏의 '정신적 자산'이 될 순 있지만 회계장부에 기록할 수 있는 '회계상 자산'에는 해당하지 않는다.

31

현금과 친한 순서대로 줄을 서라
유동성 배열

돈은 유일한 해답은 아니지만,
차이를 만들어 낸다.
― 버락 오바마, 미국 제44대 대통령

1,000원짜리 지폐와 1,000원짜리 단팥빵은 가치가 같을까? 배고파서 당장 빵을 먹고 싶은 사람은 지폐보다 빵을 더 선호할 것이다. 그러나 보통은 가치가 같을 때 돈을 더 선호한다. 왜 그럴까?

1,000원짜리 지폐는 시간이 지나도 가치가 감소하지 않고, 언제든지 빵 이외에 동일한 가격의 다른 물건들을 쉽게 살 수 있다. 하지만 빵은 시간이 지날수록 부패하는 등 가치가 하락한다. 또한, 다른 물건과 교환하기도 쉽지 않다. 우선 빵을 원하는 사람을 만나야 하고, 그 사람에게 자신이 원하는 물건이 있어야만 비로소 교환할 수 있다. 이렇듯 실물은 화폐보다

∧ 시간이 지나도 가치가 감소하지 않는 지폐 vs 가치가 감소하는 빵

여러모로 불편하다.

이런 이유로 사람들은 같은 가치를 가진 자산이라 하더라도 현금을 선호하고, 현금 이외의 자산 중에서는 현금과 교환가능성이 높은 자산을 더 선호한다. 현금으로 교환할 수 있는 가능성이 높은 것을 보통 '유동성이 높다'고 말한다.

유동성流動性이란 경제학에서 사용하는 용어로 '자산을 현금으로 전환하는 정도'를 말한다. 동일한 가치를 가지더라도 사람들은 유동성이 높은 자산을 더 좋아한다.

회계에서도 마찬가지다. 그래서 재무상태표를 작성할 때 자산이나 부채가 동일한 가치를 지녔더라도 유동성이 높은 것을 먼저 배치한다. 이것을 유동성 배열이라고 한다. 이때 기준은 1년이다. 1년 이내에 현금화할 수 있는 것은 유동성이 높다고 보고, 1년 이내에 현금화하기 어려운 것은 유동성이 낮다고 본다.

재무상태표를 작성할 때 1년 이내에 현금화가 가능한 자산은 유동자산으로, 그 이외의 자산은 비유동자산으로 분류하여 유동자산을 먼저 배치하고 그 밑에 비유동자산을 배치한다.

유동자산 내에서도 현금화가 쉬운 자산 순서대로 배치한다. 현금, 예금, 단기금융상품 등의 당좌자산은 재고자산보다 유동성이 높기 때문에 앞에 배치한다.

부채도 마찬가지다. 1년 이내에 상환해야 하는 부채를 유동부채로 분류하여 먼저 배치하고, 그 이외의 부채를 비유동부채로 분류하여 그다음에 배치한다. 각각 항목에 대한 자세한 이야기는 뒤에서 이어가겠다.

셀트리온 재무상태표

제27기: 2017년 12월 31일 현재

제26기: 2016년 12월 31일 현재

회사명: 셀트리온 (단위: 원)

과목	제27기	제26기
자산		
유동자산	1,422,315,740,690	1,077,422,642,984
현금및현금성자산	413,501,866,488	257,604,838,606
단기금융자산	138,402,014,000	5,450,335,000
매출채권 및 기타유동채권	713,489,012,682	678,463,204,095
기타수취채권	3,133,116,830	3,864,647,697
재고자산	142,268,523,842	113,938,102,785
기타유동자산	11,521,206,848	18,101,514,801
비유동자산	1,833,003,017,427	1,721,361,807,381
장기금융자산	14,354,326,741	14,009,673,161
장기매출채권 및 기타비유동채권	7,169,744,638	7,053,707,465
종속기업 및 관계기업 투자	273,099,081,283	262,117,281,283
유형자산	635,989,041,524	649,440,392,764
무형자산	890,489,613,574	779,010,897,846
투자부동산	6,147,170,166	6,336,536,303
기타비유동자산	5,754,039,501	3,393,318,559
자산총계	**3,255,318,758,117**	**2,798,784,450,365**
부채		
유동부채	491,067,961,229	524,271,608,642
단기금융부채	308,074,277,779	407,093,828,892
매입채무 및 기타유동채무	7,855,311,851	8,406,677,914
기타지급채무	79,658,821,616	50,261,701,136
당기법인세부채	63,399,841,666	42,538,985,409
기타유동부채	32,079,708,317	15,970,415,291
비유동부채	242,174,301,750	125,584,949,957
장기금융부채	175,978,120,000	118,963,500,000
장기기타지급채무	960,000,000	993,000,000
이연법인세부채	54,010,552,802	5,628,449,957
기타비유동부채	11,225,628,948	
부채총계	**733,242,262,979**	**649,856,558,599**
자본		
자본금	122,666,424,000	116,598,327,000
자본잉여금(주식발행초과금)	741,748,885,673	729,423,471,164
이익잉여금(결손금)	1,673,922,744,538	1,276,570,444,628
기타포괄손익누계액	4,512,733,369	3,024,273,130
기타자본구성요소	(20,774,292,442)	23,311,375,844
자본총계	**2,522,076,495,138**	**2,148,927,891,766**
자본과 부채총계	**3,255,318,758,117**	**2,798,784,450,365**

32

금화는 현금이 아니다
현금성자산

금은 원래 화폐가 아니지만,
화폐는 원래부터 금이었다.
— 칼 마르크스

황금은 약 1만여 년 전 인류 역사에 등장하여 단번에 인류를 매료시켰다. 가장 빛나며 시간이 지나도 변하지 않는 아름다움을 지녔기 때문이다. 황금은 숭배와 갈망의 상징이자 권세와 영예를 표현하기 위한 수단이 되었다.

그러나 기원전 6세기경 리디아왕국(현재 터키)에서 황금으로 금화를 만들면서부터 황금의 운명은 완전히 달라졌다. 금화의 등장으로 화폐 대신 쓰이던 조개, 쌀, 소금, 후추, 철 등은 모두 역사 속으로 사라졌다. 리디아왕국은 페르시아에 의해 멸망했지만

^ 리디아왕국에서 만든 최초의 금화

리디아왕국의 발명품인 금화는 끝까지 살아남았다. 이후 오랜 세월 금화는 화폐의 상징이었으나, 1971년 닉슨 대통령이 달러와 황금의 교환을 포기하면서 황금과 화폐의 동행은 끝났다.

현재 사용하는 화폐는 각 나라의 법률에 따라 중앙은행에서 발행하며,

특정 귀금속과의 교환비율이 고정되어 있지 않고 각 나라의 신용도에 따라 가치가 유지된다.

황금은 화폐로서 기능을 상실한 이후 하나의 상품으로서 통용되고 있다. 따라서 회계상으로 황금주화나 골드바는 화폐로 보지 않기 때문에 재무상태표상 현금 및 현금성자산에 반영하지 않는다.

∧ 골드바(Gold Bar)란 막대 모양의 금괴(金塊)를 말하며, 종류, 무게, 모양, 순도 등에 따라 가격이 달라진다.

회계상 현금성자산은 '큰 거래비용 없이 확정된 금액의 현금으로 전환하기 쉽고 가치변동의 위험이 적은 자산'을 의미한다. 통상 취득 당시 만기가 3개월 이내인 정기예금, 정기적금, 단기금융상품 등이 이에 포함된다. 황금이나 골드바는 보유기간이 정해져 있지 않고 가치변동의 위험에 노출되어 있어 확정된 금액의 현금으로 전환하기 어렵다. 따라서 현금성자산에 포함하지 않는다.

단, 골드바를 단기투자 목적으로 보유하는 경우에는 단기투자자산으로, 장기보유 목적으로 취득하는 경우에는 장기투자자산으로 보면 된다.

현금 및 현금성자산의 종류

구분		세부항목
현금	통화	동전, 지폐, 외국통화
	요구불예금	보통예금, 당좌예금
	타인발행수표	자기앞수표, 당좌수표
	통화대용증권	국고환급금통지서, 만기경과채권, 우편환증서, 배당표, 이자표
현금성자산		큰 거래비용 없이 확정된 금액의 현금으로 전환하기 쉽고 가치변동의 위험이 적은 자산으로, 취득 당시 만기가 3개월 이내인 정기예금, 정기적금, 양도성예금증서, MMF 등이 있다.

매출채권

외상이면 소도 잡아먹는다.
— 한국 속담

산업혁명 당시 발명된 재봉틀은 바느질이라는 가사노동에서 여성들을 해방시켰다. 자동화된 바느질 작업은 면직물 대량생산으로 이어졌고, 재봉틀은 산업혁명을 가속화시킨 대표적인 발명품으로 꼽힌다.

재봉틀을 발명한 사람은 엘리어스 하우Elias Howe지만, 재봉틀로 인해 더 유명해진 사람은 바로 아이작 싱어Isaac M. Singer다. 싱어는 1851년 페달

∧ 아이작 싱어(1811~1875)와 싱어사의 재봉틀

과 핸들로 작동하는 새로운 재봉틀을 만들어 판매하기 시작했는데, 정작 그를 세계적인 인물로 만든 것은 새로운 재봉틀이 아니라 '재봉틀을 할부로 판매한다'는 판매전략이었다.

당시 재봉틀은 일반인이 사기에는 매우 비싼 제품 중 하나였다. 이 문제를 해결하기 위해 싱어사가 내놓은 전략은 할부판매였다. 재봉틀을 구입하면서 비용을 전액 지불하는 것이 아니라 여러 달에 걸쳐 나누어 낼 수 있게 했던 것이다. 그 이전에도 할부판매가 없었던 것은 아니지만 단일 기업이 할부판매를 시작한 것은 사실상 싱어사가 처음이었다. 할부가 생활화된 요즘엔 아주 당연한 것처럼 보이지만, 현금판매만을 주로 해온 당시로서는 매우 어려운 결정인 동시에 혁신적인 전략이었다. 재봉틀의 발명이 바느질업계의 혁명이라고 한다면, 할부판매는 역사상 가장 큰 금융혁신 중 하나로 봐도 무방할 것이다.

싱어사와 같이 물건을 외상 또는 할부로 판매한 후 고객으로부터 받을 금액을 '매출채권'이라고 한다. 매출채권은 외상이나 할부로 판매하여 받을 금액인 외상매출금과 상품을 판매하면서 받은 어음인 받을어음으로 구성된다.

회계장부에 매출채권이 많다는 것은 현금판매보다 외상판매가 많음을 의미한다. 싱어사는 할부판매라는 새로운 금융거래를 만들어냈다. 하지만 그 대가는 컸다. 재봉틀 대금을 온전히 받아내는 데 엄청난 노력이 필요했기 때문이다. 외상매출의 경우 판매대금이 제대로 들어오는지, 장기 미수가 발생하지는 않는지 등 끊임없는 관리가 필요하다.

34

돈을 빌려줄 때는 떼일 확률을 고려하라
대손충당금

계약을 깨지 않는 편이 이로울 때
인간은 계약을 지킨다.
— 솔론, 고대 그리스 정치가

돈을 빌려줄 때 가장 먼저 고려해야 하는 것은 "과연 빌려준 돈을 제때 돌려받을 수 있을까?" 하는 것이다. 적은 금액이라 하더라도 빌려준 돈을 돌려받지 못하면 감정이 상하고, 돌려받지 못한 돈이 많으면 빌려준 사람도 경제적으로 상당한 타격을 받게 된다. 자칫 소송에 휘말리기라도 하면 그 관계는 파탄으로 끝날 수도 있다. 그래서 돈을 빌려줄 때는 항상 떼일 가능성을 고려해야 한다. 돈을 빌려간 자에게 자발적이든 비자발적이든 '돈 갚을 능력'이 사라질 위험이 있기 때문이다.

돈을 빌려준 후 떼일 가능성이 높다고 판단되면 어떻게 해야 할까? 돈을 받아내기 위해 법적인 조치를 취해야 하겠지만, 그와 별개로 회계적으로는 '대손충당금'을 설정해야 한다.

대손충당금이란 '손실을 충당하기 위한 금액'의 줄임말로 받을 돈을 못 받게 되어 발생할 수 있는 예상손실금액을 말한다. 외상매출금이나 대여금 등 '받을 돈'에 해당하는 자산 중 '받지 못할 가능성이 높은 금액'이 생기면 그 금액을 계산하여 대손충당금이라는 과목으로 장부에 반영해 두어야 한다.

　돈을 못 돌려받을 것이 확정된 시점에 그 금액을 손실로 처리해도 되지만, 현재 기업회계기준에서는 채권을 회수하지 못할 것으로 예상될 경우 그 예상금액을 미리 손실(비용 발생)로 반영하도록 하고 있다.

　예를 들어 1,000만원을 빌려주었는데 이 중 50%는 받지 못할 가능성이 높아졌다고 하자. 이 경우 재무상태표를 작성할 때 대여금이 1,000만원 있다고 표시하면 정보이용자에게 왜곡된 정보를 제공하게 된다. 그중 500만원은 돌려 받지 못할 가능성이 높기 때문이다. 이럴 때 미리 500만원을 '대손충당금'이라는 계정과목으로 반영해 둔다. 대손충당금은 '갚을 돈'인 '부채'가 아니기 때문에 자산에서 차감한다. 다만, 총액주의에 따라 자산에서 직접 차감하지 않고 대여금의 총액과 대손충당금 설정액을 각각 따로 표시해야 한다.

대손충당금 예시

구분	금액
대여금	1,000만원
대손충당금	(-) 500만원
잔액	500만원

35

낭비는 제거하고 속도는 높여라
재고자산

지혜를 짜면 마른 수건에서도 물이 나온다.
— 토요타 에이지, 일본 기업인

토요타 자동차는 세계 최고의 자동차 회사 중 하나다. 2017년 매출과 순이익은 각각 29조 3,795억엔(한화 약 297조원)과 2조 4,939억엔(한화 약 25조원)으로 역대 최고치를 기록했다. 일본 기업을 통틀어도 사상 최대다.

토요타 자동차는 어떻게 일본 최고의 기업이 되었을까? 그 배경에는 JIT라는 토요타 자동차만의 독특한 생산시스템이 있다. JIT는 '적시생산Just in Time'이라는 뜻이다. 말 그대로 그때그때 필요한 만큼만 생산해서 공급하는 시스템을 말한다.

토요타 자동차가 JIT시스템을 도입한 이유는 생산에 투입되지도 않는 재고를 계속 쌓아두는 것을 낭비라고 판단했기 때문이다. 토요타 자동차는 이 시스템을 통해 생산과정에서 불필요한 재고를 최대한 줄일 수 있도록 생산라인을 배치하여 불필요한 비용을 줄임으로써 수익성을 향

▲ 토요타 자동차 본사

상시켰다. JIT 시스템은 그 성과를 인정받아 생산관리의 표준이 되었고, 지금도 전 세계의 수많은 기업들이 이를 벤치마킹하고 있다.

토요타 자동차가 가장 신경 쓴 것은 '재고자산'의 관리다. 창고에 불필요한 재고가 있으면 재고관리 및 자금부담 등으로 인해 비효율이 발생하기 때문이다. 재고在庫란 한자로 '창고庫에 있다在'는 뜻이다. 따라서 재고자산이란 '판매하기 위해 창고에 보관 중인 자산'을 뜻한다. 창고에는 완성된 상품이나 제품뿐만 아니라 반제품, 원재료, 소모품 등도 있다. 이들도 모두 재고자산에 포함된다.

재고자산의 종류 중 상품과 제품의 구분이 헷갈리기 쉬운데, 상품은 제3자로부터 구매하여 판매하기 위해 보유하고 있는 자산을 말한다. 주로 도소매업종에서 많이 취급한다. 제품은 자신이 직접 제조하여 판매하기 위해 보유하고 있는 자산을 말한다. 제조업종에서 많이 볼 수 있다. 토요타 자동차가 JIT 시스템을 통해 직접 제조하여 판매용으로 보유하고 있는 자동차는 '제품'이지만, 한국의 수입회사가 판매용으로 수입하여 창고에 보관 중인 토요타 자동차는 '상품'이다.

재고자산을 최소화하면 불필요한 비용 지출과 자금 부담을 줄일 수 있다. 따라서 낭비를 제거하고 재고의 회전속도를 높이기 위해서는 '적정 재고자산'의 관리가 필수적이다.

36

고졸신화를 넘어 특급투자자가 된 비결

유동비율

월터가 대학을 나오지 않은 것이
그의 투자조합 고객들에게는 천만다행이다.
— 워런 버핏

역사상 가장 위대한 투자자 중 한 명으로 꼽히는 벤저민 그레이엄에게는 두 명의 제자가 있었다. 그중 한 명은 현존하는 최고의 투자자 워런 버핏으로 너무나 유명해서 더 이상 설명이 필요 없다. 다른 한 명은 월터 슐로스인데, 워런 버핏에 비해 국내에 널리 알려져 있지는 않다. 하지만 그 역시 자신의 이름을 걸고 만든 투자조합을 45년간 유지했고, 연평균 수익률이 15.7%(누적수익률로 환산하면 약 721배)를 넘는다.

워런 버핏은 월터 슐로스에게 특급 투자자라며 찬사를 아끼지 않는다. 슐로스는 대학을 나오지 않았고, 투자조합을 운영하면서 기업탐방이나 CEO 미팅보다는 재무제표를 기준으로 투자한 것으로 유명하다. 이 점은 필자와 같은 회계전문가에게 더더욱 흥미롭게 다가온다.

슐로스는 어떻게 고졸신화를 이루었을까? 질문을 바꾸어 보자. 그는 재무제표만으로 어떻게 좋은 회사를 찾아냈을까?

슐로스가 주목한 것은 바로 유동자산이었다. 그는 유동자산만이 기업의 안정성을 확인할 수 있는 핵심적인 지표이며, 유동비율이 200% 이상인

회사야말로 재무가 안정적인 회사라고 보았다. 유동비율이란 유동자산을 유동부채로 나눈 값을 말한다.

$$유동비율(\%) = \frac{유동자산}{유동부채} \times 100$$

'유동'은 '유동성'을 줄인 말로 '자산을 현금으로 전환할 수 있는 속도'를 말한다. 유동성이 있는지 없는지는 1년을 기준으로 따진다. 즉, '유동자산'은 '1년 이내에 현금화할 수 있는 자산'을, '비유동자산'은 '1년 이내에 현금화하기 어려운 자산'을 말한다. 부채도 마찬가지다. '유동부채'는 '1년 이내

∧ 월터 슐로스(1916~2012)

에 갚아야 하는 부채'를, '비유동부채'는 '1년 이내에 갚지 않아도 되는 부채'를 말한다.

슐로스는 왜 회사의 유동비율이 200% 정도일 때 안정적이라고 보았을까? 회사는 재무 위기에 봉착하면 유동자산을 처분하여 현금을 조달해야 한다. 유동자산은 당좌자산과 재고자산으로 구성되는데 당좌자산은 현금, 현금성자산, 단기투자자산, 매출채권 등으로 구성된다. 이 중 다른 자산은 현금화가 용이하나 매출채권은 상대방이 빨리 갚지 않는 이상 현금화에 시간이 걸릴 수도 있다. 재고자산은 판매하기 위해 보유하고 있는 자산인데, 빨리 현금화하려면 헐값에 넘겨야 할 수도 있다. 결국 위기상황에서는 유동자산 중 일부를 회수할 수 없거나 싸게 팔아야 하므로, 실제 가치가

회계장부상 가치보다 낮을 수 있다.

슐로스는 유동자산을 현금화하여 회수할 수 있는 금액을 장부금액 대비 50% 수준으로 보고, 그 금액으로 유동부채를 다 갚을 수 있어야 한다고 보았다. 즉, 유동자산이 유동부채의 2배가 되어야 회사의 재무가 안정적이라고 본 것이다.

유동비율은 기업의 신용능력을 판단하는 중요한 기준이다. 보통 200%를 이상적인 기준으로 보지만 우리나라에서는 130~150% 수준도 양호하다고 본다. 반면에 유동비율이 100% 미만이면 기업에 돈이 돌지 않는 유동성위기가 올 수도 있다.

| 유동자산과 유동부채 | 아리송한 회계용어

유동자산

유동자산은 1년 이내에 현금화할 수 있는 자산을 말하며, 당좌자산과 재고자산이 있다.

분류	계정과목	세부과목명
유동 자산	당좌자산	현금 및 현금성자산, 단기투자자산, 매출채권, 기타 당좌자산
	재고자산	상품, 제품, 원재료, 소모품 등

유동부채

유동부채는 1년 이내에 상환해야 하는 부채를 말한다. 외상매입금, 단기차입금, 지급어음, 미지급비용, 기타 유동부채 등이 있다.

컴퓨터 구입비와 광고선전비의 차이
유형자산

인간의 빛나는 업적은 사실
평범해 보이는 무수한 개별요소의 합이다.
— 앤절라 더크워스, 《GRIT》 중에서

회계를 접한 사람들이 가장 아리송해하는 부분이 바로 '자산'과 '비용'의 구분이다. 지금까지 이 책을 읽은 독자들에게 묻는다. 아래 질문에 답할 수 있는가?

100만원짜리 컴퓨터 구입비와 1억원의 광고선전비 중 어느 것이 '회계상 자산'일까?

위 질문에 막힘없이 답과 그 이유를 말할 수 있다면 당신의 회계지식은 이 책을 덮어도 좋을 만큼 충분하다. 그러나 조금이라도 헷갈리거나 답은 알 것 같은데 이유를 명확하게 설명하기 어렵다면 이 책의 나머지 부분도 열심히 읽기 바란다. 위 질문의 정답은 '100만원짜리 컴퓨터는 회계상 자산으로 인정되지만, 1억원의 광고선전비는 회계상 자산으로 인정되지 않는다'다. 왜 그럴까?

영업활동을 위해 지출한 돈은 회계상으로는 '자산' 아니면 '비용' 중 하나로 처리해야 한다. 자산은 '미래 현금 유입에 기여할 잠재력을 지닌 자원'을 말하고, 비용은 '수익을 얻기 위해 소비한 자산'을 말한다. 은행예금, 외상매출금, 대여금, 토지나 건물과 같은 유형자산 등은 미래 현금 유입에 기여할 것으로 예상되는 자원이므로 자산으로 처리하는 것을 이해할 수 있다. 문제는 자산과 비용 중 어느 것으로 처리해야 하는지 모호할 때 발생한다.

컴퓨터를 사기 위해 지출한 100만원은 자산으로 인정하는데, 제품을 광고하기 위해 지출한 1억원의 광고선전비는 왜 비용으로 처리하는 것일까? 얼핏 생각하면 둘 다 비용으로 처리해야 할 것 같기도 하다. 좀 더 깊이 생각해 보면 1억원의 광고선전비 역시 회사가 미래에 돈을 버는 데 기여하기 때문에 컴퓨터와 광고선전비 모두 자산으로 처리해야 하지 않을까 하는 생각도 든다.

∧ 자산으로 인정하는 컴퓨터

∧ 비용으로 인정하는 광고선전비. 애플 매킨토시 TV 광고, 1984

'컴퓨터는 자산으로, 광고선전비는 비용으로' 회계처리를 해야 하는 가장 큰 이유는 컴퓨터는 유형의 '자산을 취득'하는 것이고, 광고선전비는 미래 현금 유입에 기여하기 위해 '자산을 소모'하는 것이기 때문이다.

재화의 생산 또는 용역의 제공 등 수익을 창출하기 위한 영업활동에 사용할 목적으로 보유하는 물리적 형체가 있는 자산을 유형자산이라고 한다. 토지, 건물, 기계장치, 차량, 비품, 공기구 등이 이에 해당한다. 컴퓨터는 유형자산으로서 일정한 기간 영업활동에 사용함으로써 수익창출에 기여하기 때문에 '미래 현금 유입에 기여할 잠재력을 지닌 자원'인 자산으로 인정된다. 다만, 같은 컴퓨터라고 하더라도 영업직원이 업무를 위해 사용하는 컴퓨터는 유형자산이지만, 고객에게 판매할 목적으로 창고에 보관 중인 컴퓨터는 재고자산이다.

반면 광고선전비는 광고를 통해 미래에 돈을 버는 데 기여하지만 그 경제적 효과를 예측하기 어렵고, 컴퓨터처럼 유형의 실체를 가진 '자원'에 해당하지 않기 때문에 '수익을 얻기 위해 소비한 자산'으로 본다. 이것이 광고선전비를 비용으로 처리하는 까닭이다.

무형자산

자기 자신을 의심하면 최선을 다할 수 없다.
스스로 자신을 믿지 못한다면 누가 믿어주겠는가?
— 마이클 잭슨

마이클 잭슨은 대중음악 역사상 가장 위대한 음악가로 꼽히며, 그의 앨범 〈Thriller〉는 역사상 가장 많이 팔린 앨범으로 기네스북에 등재되어 있다. 그는 소니뮤직으로부터 전속계약금을 10억달러(한화로 약 1조원 이상) 받았는데, 이는 엔터테인먼트 역사상 전무후무한 기록이다.

∧ 팝의 황제 마이클 잭슨

∧ 축구신성 킬리안 음바페

킬리안 음바페는 2018년 러시아 월드컵에서 프랑스를 우승으로 이끌었으며, 역대 월드컵 최연소 출전에 최연소 득점을 기록한 프랑스의 떠오르는 축구신성이다. 킬리안 음바페가 AS모나코에서 파리생제르망으로 이적하면서 받은 이적료는 1억 8,000만유로(한화로 약 2,400억원)이다. 그의 나이를 고려할 때 네이마르, 호날두와 메시를 뛰어넘어 축구역사상 최고의 이적료를 기록할 날이 머지않아 보인다.

그런데 회계에서는 팝의 황제 마이클 잭슨은 인정되지만, 축구신성인 킬리안 음바페는 인정되지 않는 것이 있다. 바로 '무형자산'의 처리다. 마이클 잭슨을 영입하기 위해 소니뮤직이 지불한 전속계약금은 소니뮤직 입장에서 무형자산으로 처리할 수 있지만, 킬리안 음바페를 영입하기 위해 파리 생제르망이 지불한 이적료는 무형자산으로 처리하기 어려울 수 있다. 왜 그럴까?

회계에서 무형자산이란 물리적인 실체는 없지만 식별 가능한 비화폐성자산을 말한다. 무형자산으로 인정되려면 식별 가능해야 하고, 통제할수 있어야 하며, 미래에 현금 유입을 통해 경제적 효익을 가져올 수 있어야 한다. 영업권, 산업재산권, 광업권, 어업권 등이 대표적인 예다. 가수는 신곡이 성공하면 엄청난 공연수입을 얻을 수 있고, 연예인은 출연료나 광고 모델료 등 수익을 얻을 수 있어 미래에 경제적 효익을 기대할 수 있다. 따라서 가수나 연예인을 영입할 때 지급하는 전속계약금의 경우 무형자산으로 처리하는 경우가 많다. 마이클 잭슨도 마찬가지다.

반면에 우리나라 축구클럽 대부분은 선수들에게 지급하는 몸값을 무형자산으로 처리하지 않는다. 그 이유는 축구선수의 경우 부상 위험, 향후 성적의 불투명성 등으로 인해 미래에 경제적 효익을 가져올 것인지가 불분명하기 때문이다. 구단의 수익에 일조하는 건 분명하지만 경제적 효과를 정확하게 분석하기는 힘들다. 이런 이유로 우리나라 클럽들은 축구선수를 무형자산으로 인식하는 데 보수적인 편이다.

이렇듯 회계의 세상에서는 가수나 연예인은 자산으로 인정될 가능성이 높지만, 운동선수는 자산으로 인정되지 않을 가능성이 높다. 운동선수들이 이 얘기를 들으면 꽤 섭섭해할 것 같다.

39

'이것'이 없으면 마천루도 무너진다
감가상각비

어서 도시를 세우고 그 가운데에 꼭대기가 하늘에 닿게 탑을 쌓아
우리 이름을 날려 사방으로 흩어지지 않도록 하자.
— 창세기 11장 1~4절

인간은 항상 높은 건물을 선망해왔다. 마천루를 향한 인류의 끝없는
열망은 더 높은 건물을 짓기 위해 과학과 기술을 발달시켰다. 그 노력의
결실이 바로 '부르즈 할리파Burj Khalifa'다. '할리파의 탑'이라는 뜻의 부르즈

∧ 현존하는 가장 높은 건물인 두바이의 부르즈 할리파

할리파는 두바이에 있는 높이 829.8미터, 163층 규모의 현존하는 가장 높은 건물이다. 2004년에 착공되어 2009년 12월 완공되었는데, 공사비만 무려 15억달러(한화로 약 1조 5,000억원)에 달한다. 한국의 삼성물산이 이 마천루의 건설에 참여하여 세계의 주목을 끌었다. 높은 건물에 대한 사람들의 열망을 반영하듯 부르즈 할리파는 죽기 전에 꼭 가봐야 하는 건물로도 꼽히고 있다.

부르즈 할리파를 소유한 회사는 15억달러에 달하는 공사비를 어떻게 회계처리 해야 할까? 공사비를 지출한 시점에 모두 비용으로 처리할 경우 건물이 완공되자마자 1조 5,000억원에 달하는 손실을 떠안고 시작해야 한다. 건물의 임대 등으로 인해 수익이 발생하더라도 수십 년에 걸쳐 회수되므로 1조 5,000억원의 공사비를 다 상환할 때까지 이 회사는 엄청난 적자에서 헤어나기 어렵다. 누적된 적자로 인해 자금조달이 어려워지면 파산할 수도 있다.

이런 문제를 해결하기 위해 탄생한 개념이 바로 '감가상각비'다. 감가상각이란 유형자산의 가치가 시간의 경과에 따라 감소한다는 것을 고려하여 유형자산의 취득가액을 자산으로 회계처리 한 후, 사용가능한 기간(내용연수) 내에 안분按分하여 비용을 인식하는 회계처리 방식을 말한다.

부르즈 할리파를 건설하는 데 들어간 비용 역시 수십 년에 걸쳐 수익을 얻는 데 도움을 주기 때문에 자산으로 인식한 후 그 기간 내에 안분하여 비용으로 처리해야 한다. 즉, 부르즈 할리파 취득에 들어간 비용 1조 5,000억원을 일단 '건물'이라는 유형자산으로 회계처리 한 후 약 40~50년에 걸쳐 나누어 매년 일정한 금액을 '감가상각비'라는 과목으로 비용처리하고, 매년 인식한 감가상각비는 '감가상각누계액'이라는 자산의 차감항목에 반영한다.

만약 부르즈 할리파를 50년간 나누어 감가상각할 경우에는 매년 300억원(=1조 5,000억원 ÷ 50년)의 가치감소분을 감가상각으로 반영하면 된다.

감가상각누계액의 표시방식

구분	금액
건물(부르즈 할리파) 취득원가	1조 5,000억원
감가상각누계액	(-) 300억원
회계연도 말 장부가액	1조 4,700억원

감가상각비가 없다면 마천루를 짓는 회사들은 모두 망하고 말 것이다. 건물을 완공하자마자 엄청난 적자에 빠져 재무구조가 악화될 것이고, 이 때문에 자금조달마저 어려워져 결국에는 건물을 매각할 수밖에 없을 것이기 때문이다. 초고층 건물이 경제위기를 예고하는 신호 역할을 한다는 '마천루의 저주'를 막기 위해서라도 회계상 '감가상각비'라는 개념은 필수적일 수밖에 없다.

| 감가상각 |

감가상각은 시간이 지남에 따라 자산의 가치가 감소할 것으로 추정하고, 그 감소분을 자산이 수익창출에 기여하는 기간 내에 합리적이고 체계적인 방법으로 배분하여 비용으로 인식하는 과정이다. 건물, 기계장치, 차량, 집기비품 등은 모두 감가상각 과정을 거친다. 다만, 토지의 경우 시간이 경과해도 가치가 감소하지 않기 때문에 감가상각을 하지 않는다.

40

같은 닭도 쓰임새에 따라
다른 종류의 자산이 된다

아스클레피오스에게 닭 한 마리를 빚졌으니
잊지 말고 갚아주게.
― 소크라테스의 유언

소크라테스는 독약을 먹고 죽기 전에 마지막 유언으로 그리스신화에
나오는 의술의 신 아스클레피오스에게 닭 한 마리를 빚졌다고 말했다. 당
시 아테네 사람들은 병들면 아스클레피오스에게 기도를 올렸고, 병이 나
으면 감사의 표시로 닭 한 마리를 신전에 바쳤다. 소크라테스의 마지막 유

∧ 아스클레피오스

∧ 자크 루이 다비드, 〈소크라테스의 죽음〉, 1787

언에 대해 플라톤은 "선생님은 독약의 힘으로 자신을 이승의 생명에서 해방시켜 준 의술의 신에게 감사하고 싶으셨던 모양이다."라고 말했다. 수사학(修辭學)의 대가답게 소크라테스는 죽음을 앞둔 마지막까지도 언어유희를 놓치지 않았던 것이다.

소크라테스의 많은 제자들은 그의 유언을 따르기 위해 닭을 사서 신전에 바쳤을 것이다. 그렇다면 소크라테스의 죽음으로 인해 이득을 본 자 중에는 닭을 파는 시장상인도 있지 않았을까?

소크라테스의 제자들에게 닭을 판 시장상인은 닭 판매대금을 매출(수익)로 인식해야 한다. 그렇다면 시장상인이 보유하고 있는 닭은 어떻게 회계처리를 해야 할까?

이것을 알기 위해서는 먼저 하나의 상품이라 하더라도 그 쓰임새에 따라 회계처리가 달라진다는 것을 이해해야 한다. 닭은 그 목적에 따라 재고자산, 생물자산, 유형자산으로 구분할 수 있다. 닭 전문회사가 식용으로 판매하기 위해 보유하는 닭은 재고자산으로, 달걀이라는 수확물을 얻기 위해 보유하는 닭은 생물자산으로 회계처리 해야 한다. 반면에 동물원에서 입장료 수입을 얻기 위해 보유하는 관상용 닭은 유형자산으로 회계처리를 해야 한다.

재고자산	생물자산	유형자산

ㅅ 고기 판매용   ㅅ 달걀 수확용   ㅅ 동물원 관상용

닭 전문회사와 동물원 모두 각각의 자산을 1년 이내에 판매할 목적으로 가지고 있다면 유동자산으로, 그렇지 않다면 비유동자산으로 처리해야 한다.

이렇듯 동일한 자산이라 하더라도 보유목적에 따라 회계처리가 달라질 수 있다는 점에 유의하자. 건설회사가 판매할 목적으로 보유하는 주택은 재고자산이지만, 이 주택을 직원들의 복지를 위해 사택으로 사용하면 유형자산이 된다. 고객에게 판매할 목적으로 보유하는 컴퓨터는 재고자산이지만, 직원들이 업무용으로 사용하는 컴퓨터는 유형자산이다. 마찬가지로 판매를 위해 보유하는 핸드폰은 재고자산이지만, 영업직원이 업무용으로 사용하는 핸드폰은 유형자산이다.

따라서 시장상인이 소크라테스의 제자들에게 팔기 위해 보유하는 닭은 재고자산으로 처리하는 편이 맞을 것이다.

41

신의 꽃 튤립이 탄생시킨
파생금융상품

어느 날, 아름다운 소녀에게 왕자, 기사, 상인의 아들이 동시에 청혼했다.
왕자는 왕관을, 기사는 보검을, 상인의 아들은 황금을 주겠다고 했으나 소
녀는 모두 거절했고 세 사람은 소녀에게 저주를 퍼부었다. 소녀는 기가 막
힌 나머지 병들어 죽었으나 튤립으로 다시 태어났다.

— 튤립에 관한 유럽의 전설

튤립이 유럽에 처음 소개된 것은 16세기
중엽이었다. 튤립은 네덜란드에서도 큰 인기
를 얻었다. 당시 유럽 국가 가운데 1인당 국
민소득이 가장 높았던 네덜란드에서는 앞 다
투어 대저택을 짓는 등 사람들이 점점 과시욕
을 드러내기 시작했다. 그에 따라 정원을 아
름답게 꾸미기 위해 더 좋은 튤립을 사들이면
서 가격이 천정부지로 치솟았고, 결국 튤립은
투기의 대상이 되고 말았다.

∧ 17세기 튤립 한 송이는 능숙한 장인
의 10년치 소득보다 비쌌다.

튤립 가격이 급등하자 사람들은 돈을 벌려고 집을 팔아서까지 튤립을
사들였다. 1636년에 이르러서는 네덜란드에서 튤립 뿌리 한 개로 살 수
있는 물건이 숙련된 장인이 10년간 번 소득으로 살 수 있는 물건보다 많
았다.

네덜란드의 튤립투기는 1637년 2월 튤립시장이 붕괴하면서 끝났고,

많은 사람들이 파산하는 결과를 초래했다. 그저 한 송이 꽃에 지나지 않았던 튤립에 대한 투기는 이후 금융시장 버블Bubble의 상징이 되었다.

∧ 얀 브뤼헐, 〈튤립 광풍의 풍자화〉, 1640

튤립투기는 금융시장에 선물과 옵션이라는 파생금융상품을 발달시킨 계기가 되기도 했다. 튤립투기가 증가하자 튤립의 작황에 따라 가격변동의 폭이 커졌다. 그래서 튤립 재배업자들과 중개업자들은 튤립을 보다 안정적인 가격으로 거래하기 위해 방법을 찾기 시작했다. 그 과정에서 향후 가격이 오를 것을 예상하여 튤립이 재배되기도 전에 미리 구입 혹은 판매할 가격을 계약해 두는 거래를 만들어냈다. 이것이 오늘날 선물거래*의 시초다.

---

* 선물거래는 '매매대상물을 현시점에서 일정한 가격으로 약정하되 실물 인도는 미래의 일정시점에 이루어지는 거래'를 말한다. 실물 인도시점에 '청산소'를 통해 대금을 정산할 경우 실물 인도 없이 거래를 종결할 수 있다.

옵션거래도 탄생했다. 튤립 중개업자는 재배업자에게 돈을 주고 향후 미리 정해놓은 가격으로 튤립을 살 수 있는 권리를 샀는데, 이것이 현재의 콜옵션Call-option(살 수 있는 권리)이다. 콜옵션을 사 두면 미래에 튤립의 시장가격이 매입하기로 한 가격보다 상승할 경우 콜옵션을 행사하여 이전에 정해놓은 저렴한 가격으로 산 뒤 되팔아 시세차익을 남길 수 있다. 튤립을 살 수 있는 권리를 콜옵션, 팔 수 있는 권리를 풋옵션이라고 한다.

선물과 옵션의 차이는 선물이 정해진 가격으로 미래에 반드시 대금을 정산해야 하는 계약인 반면, 옵션은 거래할 수 있는 권리만 산 것이므로 미래에 손해가 발생하는 상황이 오면 거래하지 않아도 된다는 것이다.

튤립거품이 꺼지기 전인 1636년 12월에 선물거래 또는 옵션거래를 했다고 가정해 보자. 1637년 4월, 튤립의 실물거래를 하기로 계약했으나, 거품이 붕괴되어 튤립가격이 폭락해 버렸다. 이 경우 선물거래를 한 중개업자는 미리 약정한 가격으로 튤립 매입대금을 반드시 정산해야 하므로 엄청난 손해를 볼 수밖에 없다. 반면, 콜옵션을 매입한 중개업자는 콜옵션을 행사하지 않음으로써 튤립을 사지 않아도 된다. 옵션 행사를 포기하고 콜옵션 취득 시에 들어간 돈만 손해보면 되는 것이다.

이와 같이 기초상품(튤립) 자체가 아니라 거기에서 파생되어 새롭게 만들어진 금융상품(튤립에 대한 선물이나 옵션)을 '파생상품'이라고 한다.

회계상 파생상품 거래로 인해 발생한 자산과 부채는 거래했을 당시의 시가(공정가치)로 평가하여 재무상태표에 반영해야 한다. 그리고 파생상품 거래로 발생한 손익은 발생한 시점에 손익으로 인식하여 손익계산서에 반영하는 것이 원칙이다. 다만, 파생상품이 이자율이나 환율변동 등 미래 현금흐름의 위험을 회피하기 위한 수단으로 활용되어 위험회피에 효과적인 부분에 대해서는 자본으로 회계처리를 한다.

42

돈을 갚아야 하는 의무
부채

남의 돈에는 날카로운 이빨이 돋아있다.
— 러시아 속담

인류의 법제사는 '갚아야 하는 돈'에 관한 역사다. '함무라비Hammurabi 법전'이 가장 오래된 법전으로 알려져 있지만, 사실 현존하는 최초의 법전은 수메르 우르 제3왕조의 '우르남무Ur-Nammu 법전'이다. 기원전 2100~2050년경 우르남무 왕 시절에 기록된 것으로 함무라비 법전보다 약 3세기가량 앞선다.

∧ 우르남무 법전

∧ 기원전 2100년경의 인장(印章). 오른쪽에 앉아 있는 인물이 우르남무 왕으로 보인다.

우르남무 법전의 제1조는 "살인한 자는 사형에 처한다."로 함무라비 법전과 동일하다. 그러나 함무라비 법전이 전반적으로 '눈에는 눈, 이에는 이' 식의 형벌체계인 반면에 우르남무 법전은 상해, 노비관계, 결혼, 위증, 손해배상 등 다양한 영역에서 가급적 '금전배상'을 하도록 규정하고 있다. 남에게 무언가 손해를 가했을 경우 '돈을 갚아야 하는 의무'를 명확하게 규정하기 위해 법전을 만들었음을 알 수 있다.

이렇듯 인류는 최초의 법전에서부터 남에게 손해를 가하거나 빌린 것이 있을 경우 얼마를 갚아야 하는지를 규정하려고 노력했다. 갚을 금액을 명확히 해야만 분쟁과 혼란이 줄어들기 때문이다. 앞서 설명한 것처럼 고대 수메르와 바빌로니아 점토판의 대부분이 대출에 관한 내용이었다는 것을 보면 '갚아야 하는 돈'이 얼마인지는 인류에게 매우 중요했던 것으로 보인다.

회계에서는 갚아야 하는 돈을 '부채'라고 한다. 대표적인 부채로는 차입금이 있다. 기업의 영업 규모가 커지면 주주로부터 조달한 자금(자본금)만으로는 영업하기 어려우므로 제3자에게 자금을 빌릴 수밖에 없다. 이렇게 빌린 돈을 '차입금'이라고 한다.

차입금은 주주로부터 조달한 자본금과 달리 반드시 갚아야 한다. 차입금 외에도 물건을 외상으로 매입하여 나중에 갚아야 하는 돈(외상매입금), 물건을 사고 카드로 결제하여 나중에 상환해야 하는 대금(카드대금), 남에게 손해를 가해서 변제해야 하는 금액(손해배상금) 등도 모두 부채에 포함된다. 결국 '나중에 갚아야 하는 돈'은 모두 회계상 '부채'로 보아야 한다.

회계에서는 부채를 타인자본이라고도 한다. 기업의 경영활동이 대규모화됨에 따라 주주로부터 조달한 자기자본 외에 제3자로부터 자금을 조달할 수밖에 없고, 이와 같이 제3자로부터 조달한 자금을 타인자본(부채)이라고 한다.

| 부채 |

회계상 부채란 과거의 사건으로 인해 발생한 현재의 의무로서, 그 의무를 이행하기 위해 현금 등 자원의 유출이 예상되는 것을 말한다. 1년 이내에 이행해야 하는 의무는 유동부채, 1년 이후에 이행해도 되는 의무는 비유동부채라고 한다. 부채의 주요 종류는 다음과 같다.

종류	내용
매입채무	일반적 상거래에서 발생한 외상매입금과 지급어음
차입금	특정 채권자로부터 차입한 금액
미지급금	일반적 상거래 외에서 발생한 채무
선수금	수주공사 등 일반적 상거래에서 미리 받은 금액
미지급비용	이미 발생한 비용 중 지급되지 않은 금액
선수수익	미리 받은 수익 중 차기(다음 회계연도) 이후에 속하는 금액
사채	대중으로부터 대규모 자금을 빌리면서 발행한 채무증권

43

패스상품 수강료 중 일부는 빚이다
선수수익

사람은 교육에 의해서 인간이 된다.
— 임마누엘 칸트

사교육은 학생들에게만 국한된 문제는 아니다. 우리나라 사교육시장은 교육업체들에게도 사활을 건 전쟁터다. 초, 중, 고교에 다니는 학생들에게 한 해 들어가는 사교육비가 18조원을 넘기 때문이다. 정체된 사교육시장에서 살아남기 위해서는 시장 내 점유율을 올리는 것이 필수이고, 이를 위해서는 경쟁업체와의 혈전이 불가피하다.

그런데 2015년과 2016년 사이에 사교육시장의 판도를 바꾼 사건이 일어났다. 바로 '패스상품'으로 불리는 상품의 출시였다. 메가패스, 무한패스, 19패스, 프리패스 등으로 불리는 패스상품은 일종의 '인터넷강의 자유이용권'이다. 수강생이 패스상품에 가입하면 최소 1년에서 최대 3년에 가까운 기간에 걸쳐 해당 업체에서 제공하는 모든 강의를 들을 수 있다. 특히 유명 강사들의 강의 전체를 들을 수 있다는 것이 수강생들에게 큰 매력으로 다가왔고, 결국 패스상품은 학생들의 온라인교육 참여율을 높여 온라인 사교육시장 자체가 한 단계 성장하는 계기가 되었다.

그런데 학생들이 패스상품에 가입하여 수강신청을 하고 최소 1년에서 최대 3년에 가까운 기간에 대한 수강료를 결제한다고 할 때, 사교육업체 입장에서 이 수강료가 전부 수익이 될까? 그렇지는 않다. 패스상품의 수강기간이 1~3년 정도로 길고, 그 사이에 환불신청을 하면 규정에 따라 일정 금액을 환불해 주어야 하기 때문이다.

따라서 돈을 다 받았다고 하더라도 아직 수강기간이 남아있을 경우 그 기간에 해당하는 금액은 회계상 수익으로 잡을 수 없다. 예를 들어, 3년간 들을 수 있는 패스상품의 수강기간이 1년밖에 지나지 않았다면 1년치 수강료만 수익으로 잡을 수 있고, 2년치 수강료는 아직 수익으로 잡을 수 없다.

이때 2년치 수강료는 선수수익이라는 부채로 처리한다. '선수수익'이란 미리 받은 수익금액이라는 뜻으로, 돈은 미리 받았지만 아직 서비스를 제공하지 않아 수익으로 잡을 수 없는 금액을 의미한다. 향후 학생이 수강신청을 취소하고 환불을 요청하면 돌려주어야 하는 금액이므로 '갚을 돈'인 '부채'로 반영해 두는 것이다. 대신 환불기간이 지나면 선수수익은 부채에서 수익으로 전환된다. 환불해야 할 의무가 사라져 더 이상 부채로 처리할 이유가 없기 때문이다.

| 선수금과 선수수익의 차이점 |

선수금과 선수수익의 차이는 무엇일까? 선수금은 기간에 관계없이 먼저 받은 돈을 의미하고, 선수수익은 일정 기간에 걸쳐 서비스를 제공하기로 하고 미리 받은 돈으로서 아직 기간이 지나지 않은 부분에 대한 금액이라는 차이가 있다. 건설공사에서 선금으로 받은 공사비는 선수금이고, 패스상품과 같이 정해진 기간에 서비스를 제공하기로 하고 미리 받은 대가는 선수수익이다. 선수금과 선수수익 모두 재화나 서비스 제공 전에 미리 받은 돈이므로 '갚을 돈'인 부채로 처리해야 한다.

44

전화기를 빌릴 것인가, 살 것인가?
리스

왓슨, 이리 와주게. 자네가 필요하네.
— 벨과 왓슨의 최초 전화통화

전화기의 최초 발명자라는 영광스러운 타이틀을 차지하기 위한 왕좌의 게임은 무척 치열했다. 안토니오 메우치는 사무소에서 일하면서도 중병에 걸려 집에 머무르는 아내의 상태를 살피기 위해 1854년 세계 최초로 전화기를 발명했다. 그러나 자금 부족으로 임시특허만 냈을 뿐 이후 특허기간이 만료했음에도 돈이 없어서 특허기간을 연장하지 못했다.

그 사이 1876년 알렉산더 그레이엄 벨이 정식으로 특허를 신청했다.

ᐃ 안토니오 메우치(1808~1889)   ᐃ 알렉산더 그레이엄 벨(1847~1922)   ᐃ 일라이셔 그레이(1835~1901)

벨이 특허를 신청하고 몇 시간 후 당시 이미 전화기를 발명한 상태였던 일라이서 그레이도 특허를 신청했지만 한 발 늦은 뒤였다. 메우치는 벨을 상대로 소송을 걸었지만 소송 중에 사망하고 만다. 전화기 특허를 두고 메우치, 벨 그리고 그레이 사이에 벌어진 왕좌의 게임은 벨의 승리로 끝났다. 하지만 전화기의 최초 발명자라는 영광의 타이틀은 사실 메우치의 것이다.

특허전쟁에서 이긴 벨은 1877년 자신의 이름을 딴 벨 전화회사를 설립했다. 이 회사는 1880년 미국전화전신회사American Telephone & Telegraph로 재탄생했다. 오늘날 세계 최대의 통신회사가 된 AT&T의 모체다.

최초의 전화기는 매우 비쌌다. 그래서 벨의 회사는 전화기를 파는 대신 연 단위로 빌려주는 리스lease를 실시했다. 소비자들은 일정 기간이 지나면 빌려주는 리스를 연장할 것인지 아니면 전화기를 구입할 것인지 중에서 선택할 수 있었다.

∧ 뉴욕과 시카고 사이에 전화연결을 시도하고 있는 벨, 1892

∧ 당시 전화기 판매 광고. '전화기, 빌릴 것인가? 살 것인가?'

이것이 리스제도의 현대적 시초라고 볼 수 있다. 리스라고 하면 대부분 자동차리스를 떠올린다. 주로 고가의 자동차를 사려고 할 때 현재 가진 돈만으로는 부족할 경우 리스를 이용한다. 지금은 전화기를 리스하지는 않지만, 과거에는 전화기가 지금의 자동차처럼 고가였기 때문에 리스제도를 이용했던 것으로 보인다.

리스방식은 크게 금융리스와 운용리스로 나뉜다. 리스자산의 소유에 따른 위험과 보상의 대부분이 리스이용자에게 넘어가는 것이 금융리스, 그렇지 않은 것이 운용리스다. 두 방식 모두 리스료를 내고 전화기를 이용하는 것은 동일하지만, 금융리스에서는 리스기간이 만료되면 고객이 전화기를 소유할 수 있고, 운용리스에서는 전화기를 리스회사에 돌려주어야 한다. 결국 금융리스는 사실상 돈을 빌려 전화기를 사는 개념이고, 운용리스는 전화기를 빌려 쓰다가 리스회사에 돌려주는 개념이다.

그렇다면 리스이용자는 리스를 어떻게 회계처리 해야 할까? K-IFRS에서는 금융리스와 운용리스 구분 없이 전화기 사용권은 자산으로, 리스회사에 지급하는 리스료는 부채로 인식한다. 반면에 일반기업회계기준에서는 금융리스와 운용리스를 구분한다. 금융리스의 경우 리스회사로부터 돈을 빌려 전화기를 산 것으로 보고 리스자산과 리스부채로 인식하지만, 운용리스의 경우 돈이 아닌 전화기를 빌린 것으로 보고 리스회사에 지급해야 하는 리스료를 리스기간에 걸쳐 비용으로 처리한다.

45

대중에게서 돈을 빌리는 수단
회사채

돈의 가치를 알기 원한다면 그것을 빌려보라.
— 벤저민 프랭클린

회사가 자금을 조달하는 방법은 크게 두 가지다. 첫째는 주주로부터 출자를 받는 것이고, 둘째는 돈을 빌리는 것이다. 주주가 회사에 넣는 출자금을 자본금이라고 하고, 회사가 제3자로부터 빌리는 돈을 차입금이라고 한다. 회사가 주주로부터 출자 받은 게 아니라 빌린 돈 역시 차입금이 된다. 회사가 빌려서 '갚아야 하는 돈'은 재무상태표에 부채로 반영한다.

그런데 재무상태표의 부채과목을 보면 차입금 외에 '사채'라고 표시된 것이 있다. 사채라고 하면 개인이 명동 같은 사채시장에서 빌린 돈인 사채私債로 오해할 여지가 있다. 여기서 말하는 사채社債란 회사가 일반 대중으로부터 비교적 장기로 자금을 조달하기 위해 채권이라는 유가증권을 발행하여 조달하는 자금을 말한다. 개인이 빌리는 돈을 뜻하는 사채와 구분하기 위해 보통 회사채會社債라고 부른다.

차입금과 사채의 차이는 무엇일까? 회사 입장에서 돈을 빌린다는 점은 동일하다. 하지만 '차입'이란 회사가 특정한 소수의 대여자와 차입계약을 체결하여 돈을 빌리는 행위를 말하고, 차입거래 시 보통 차용증(차입계약서)

^ 개인을 대상으로 하는 사채

할인채 견본(앞면) 사이즈 200×110mm

^ 회사가 발행하는 회사채 견본

을 작성한다. 반면에 사채는 회사가 다수의 일반 대중으로부터 한꺼번에 대규모 자금을 조달하려고 할 때 사용하는 수단이다. 이때 다수의 일반 대중과 개별적으로 계약을 체결하기는 어렵기 때문에 차용증 대신 '채권'이라는 유가증권을 발행하여 돈을 빌렸다는 사실을 확인해 준다.

사채를 취득한 자는 채권이라는 자산에 투자했으므로 자산으로 처리하지만, 사채를 발행한 회사는 제3자로부터 돈을 빌린 것이기 때문에 부채로 처리한다.

46

이리전쟁의 폭격기
전환사채

코넬리우스 밴더빌트는 철도를 건설하고,
다니엘 드루는 그 주가를 조종했다.
— 에드워드 챈슬러, 《금융투기의 역사》 중에서

전환사채CB: Convertible Bond는 회사채의 일종이지만, 발행한 후 일정 기간이 지나면 주식으로 전환할 수 있는 권리가 부여된 사채다. 1843년 미국의 이리철도*회사Erie Railroad Co.가 최초로 발행한 것으로 알려져 있다. 이리철도회사가 전환사채를 발행하게 된 계기는 철도사업의 고유한 특성 때문이었다.

철도를 건설하기 위해서는 막대한 자금이 필요하고, 수익이 발생할 때까지 시간도 많이 소요된다. 철도건설에 필요한 자금조달을 위해 주식을 발행하면 수익이 발생하여 배당할 수 있을 때까지 오랜 시간 기다려야 한다. 사채를 발행하여 자금을 조달할 경우 사채투자자들이 얻는 수익은 이자뿐이다. 반면에 전환사채를 발행하면 철도가 완성될 때까지는 이자를 얻을 수 있고, 철도가 완성되고 나면 사채를 주식으로 전환하여 배당금을

---

* 이리철도는 미국 북동부 뉴욕시와 이리호수(Lake Erie)를 연결하는 노선이다.

받을 수 있으며, 주식 가격 상승으로 인한 시세차익도 누릴 수 있다. 이렇듯 전환사채는 주식과 사채의 장점을 모두 갖춘 금융상품이다.

^ 전환사채 견본

이리철도회사는 자금조달을 위해 전환사채를 발행했지만, 이리전쟁 때는 경영권 방어를 위한 수단으로도 전환사채를 활용했다. 이리전쟁은 코넬리우스 밴더빌트와 다니엘 드루가 이리철도회사의 경영권을 차지하기 위해 벌인 주식전쟁을 말한다. 밴더빌트가 엄청난 자금력을 동원하여 이리철도회사의 주식을 확보하자 드루는 전환사채 발행 전략으로 상황을 역전시키려 했다.

^ 다니엘 드루(1797~1879)

^ 코넬리우스 밴더빌트(1794~1877)

드루는 이리철도회사에 자금을 조달한 대가로 받은 전환사채를 주식으로 전환하여 시장에 풀었다. 주가를 떨어뜨리기 위한 물타기 전략이었다. 밴더빌트는 이 사실을 모르고 경영권을 지키기 위해 신주新株를 계속해서 사들였지만 주가는 떨어지기만 했다. 이후 드루의 물타기 전략을 눈치챈 밴더빌트는 드루의 동맹자들을 이용해 주가조작을 통해 반격을 꾀했고 드루는 결국 이리전쟁에서 패해 몰락의 길을 걷게 되었다. 이리전쟁은 월스트리트 역사상 가장 더러운 전쟁으로 꼽히는데, 전환사채가 이 전쟁의 무기로 사용되었다.

전환사채는 복합금융상품으로 발행조건을 고려하여 회계처리 해야 한다. 통상 일반 사채에 해당하는 부분은 '갚아야 하는 돈'인 부채로 보고, 주식으로 전환할 수 있는 전환권의 가치(전환권대가)는 자본으로 보아 회계처리 하는 것이 일반적이다.

47

일본 버블의 불씨가 된
신주인수권부사채

욕심은 수많은 고통을 부르는 나팔이다.
— 팔만대장경

잃어버린 20년, 1991년부터 시작된 일본의 경기침체가 2012년 아베 신조 내각 출범으로 회복세를 찾기 이전까지 약 20년 이상 지속된 현상을 두고 하는 말이다. 잃어버린 20년의 원인은 다양하지만 그중에서도 플라자합의Plaza Accord가 끼친 영향을 무시할 수 없다.

미국은 달러가치가 상승하여 국제무역수지가 악화되자, 달러가치를

∧ 1985년 9월 플라자호텔에 모인 미·프·독·영·일 재무장관

떨어뜨리기 위해 1985년 9월 각국 재무장관을 뉴욕 맨해튼 플라자호텔로 소집했다. 여기서 나온 플라자합의에 의해 달러당 엔화의 환율은 259엔에서 150엔으로 떨어졌다. 이전에 259엔짜리 물건을 사려면 1달러면 되었지만, 환율하락으로 인한 엔화강세로 이제는 그 두 배인 2달러 가까이 지급해야 했다. 결과적으로 국제시장에서 일본 상품 값은 2배나 뛰어올랐다.

일본이 느낀 위기의식은 상당했다. 환율하락으로 상품이 팔리지 않아 경기가 침체될 것을 우려한 일본의 중앙은행인 일본은행은 금리를 3% 수준으로 인하했다. 그러자 돈을 싸게 빌릴 수 있게 되었다.

낮은 금리로 빌린 돈이 갈 곳을 찾지 못하면 결국 투기시장으로 흘러들어간다. 이런 자금이 일본의 주식과 부동산 가격을 끝없이 상승시켰다. 그러나 모든 버블이 그러하듯 긴 놀이가 끝난 후 찾아온 허무한 하락은 일본에 20년 가까운 세월에 걸쳐 혹독한 시련을 안겨주었다.

일본자산버블

(니케이지수)   (도시부동산지수)

— 니케이

-- 부동산 가격

∧ 일본 니케이지수와 부동산지수는 1980년대 후반부터 20년 가까이 하락했다.
ⓒJapanese Real Estate Institute, ⓒ한국은행

일본에 잃어버린 20년이라는 고통을 가져온 버블의 원인 중에는 기업들이 해외에서 발행한 신주인수권부사채도 있었다. 그리고 이렇게 조달한 자금도 주식과 부동산으로 흘러갔던 것이다. 도대체 신주인수권부사채가 무엇이기에 일본 기업들은 이를 통해 엄청난 자금을 끌어들여 주식과 부동산투기에 사용할 수 있었을까?

'신주인수권부사채'란 사채발행회사(채무자)가 사채를 발행하면서 향후 신주를 발행하는 경우, 사채권자(채권자)에게 미리 약정된 가격으로 신주新株를 살 수 있는 권리warrant를 주는 사채를 말한다. 보통 BWBond with Warrant라고 부른다.

BW에 투자한 사람은 일반 회사채와 마찬가지로 만기까지 이자를 받으면서 만기에 원금을 상환받을 수 있고, 동시에 부여받은 신주인수권으로 신주를 인수할 수도 있다. 신주를 인수할 시점에 신주의 발행가액(약정된 가격)보다 주식의 시가가 높을 경우, 발행가격으로 주식을 취득하여 높은 가격(시가)에 되팔아 양도차익을 얻을 수 있다는 장점이 있다. 이 때문에 일본기업이 발행한 BW는 유럽의 투자자들에게 매력적인 투자수단이었고, 일본 기업들은 BW 발행을 통해 막대한 자금을 일본으로 끌어와 투기자본으로 사용할 수 있었다.

BW 역시 일반사채와 신주인수권이 복합된 증권으로 전환사채와 마찬가지로 발행조건을 고려하여 회계처리 해야 하지만, 일반사채의 가치는 부채로 처리하고 신주를 인수할 수 있는 권리(신주인수권)의 가치는 자본으로 처리하는 것이 일반적이다.

48

구글과 오라클의 자바전쟁
우발부채

부정한 평화보다는 올바른 전쟁을 하라.
— 독일 속담

자바전쟁이란 구글Google과 오라클Oracle이 저작권침해를 두고 진행 중인 세기의 소송을 가리킨다. 자바전쟁의 시작은 2010년으로 거슬러 올라간다. 자바JAVA라는 프로그래밍 언어를 만든 회사는 썬마이크로시스템즈Sun Microsystems인데, 2009년 오라클은 이 회사를 인수하자마자 곧바로 구글이 안드로이드를 개발하면서 자바의 저작권을 침해했다고 소송을 제기했다. 1심에서는 구글이 이겼지만, 2심에서는 오라클이 승리했다. 구글은

∧ 구글 본사

∧ 오라클 본사

미국 연방대법원에 상고를 제기했고 이들의 전쟁은 2021년에야 구글의 승리로 끝이 났다.

자바전쟁이 10년 넘게 전 세계인의 관심을 끌었던 이유는 막대한 손해배상금 규모 때문이다. 법원의 판결 결과에 따라 구글은 최대 수조원대의 손해배상금을 물어야 할 수도 있었다. 구글 입장에서 자바전쟁은 사활을 걸고 이겨야 하는 싸움이었다.

구글은 이 소송에 따른 손해배상금을 회계에 어떻게 반영해야 할까? 만약 패소하여 수조원의 배상금을 물어야 한다고 확정되면 그 배상금은 '갚아야 하는 돈'이므로 부채가 된다.

반대로 저작권침해가 없거나, 있더라도 법적으로 배상금을 지급하지 않아도 된다고 결론이 난다면 부채로 반영할 금액은 없다. 2021년 구글의 승리로 끝나기 전까지는 결론이 어떻게 날지 누구도 알 수 없었다. 이런 성격의 부채를 '우발부채'라고 한다.

우발부채는 어떤 사건이 발생하여 돈을 물어주어야 할 가능성이 있지만 아직 불확실한 상태에 있는 의무 또는 돈을 물어주어야 할 가능성이 높지만 그 금액을 신뢰성 있게 추정할 수 없는 의무를 말한다. 보통 소송이 제기되어 진행 중이지만 그 결과를 알 수 없는 경우에 발생한다.

오라클에게 소송당한 구글 입장에서는 손해배상금을 부담해야 하는지, 한다면 얼마를 부담해야 하는지 모두가 소송의 결과에 달려 있었으며, 약 10년 동안 소송의 승패를 알 수 없는 불확실한 상태에 있었다. 따라서 구글 입장에서 자바전쟁으로 불리는 소송은 2021년 구글의 최종 승리로 끝나기 전까지는 '우발부채'였다.

우발부채는 그 내용을 주석으로 공시한다. 다만, 돈을 지급할 가능성이 아주 낮을 경우에는 주석으로 공시하지 않아도 된다. 다음은 애플Apple

과 특허 소송 당시 삼성전자의 재무제표 '주석' 예시다.

삼성전자의 2017년 재무제표 주석

동 소송을 포함한 Apple사와의 특허 관련 소송 최종 결과 및 그 영향을 보고기간 종료일 현재 예측할 수 없습니다.

2014년 8월, 회사와 Apple사는 미국 외 지역에서의 소송을 취하한다는 합의에 이른 바 있으며, 보고기간 종료일 현재 미국 외 모든 국가에서 소송 취하가 완료되었습니다.

49

보증의 대가는 사람의 살 그리고
충당부채

보증, 그 옆에 재앙
— 탈레스, 《잠언》 제1절 중에서

"부모자식 간에도 보증은 하지 마라." 보증은 부모와 자식 모두에게 재앙이 될 수 있다는 것을 경고하는 말이다. 채무보증이란 돈을 빌린 사람이 돈을 갚지 못했을 때 제3자가 그 돈을 대신 갚겠다는 약속이다. 채무보증이 가져올 수 있는 재앙을 가장 잘 설명한 것은 셰익스피어의 소설 《베니스의 상인》일 것이다.

∧ 윌리엄 셰익스피어(1564~1616)   ∧ 《베니스의 상인》 초판본 표지

귀족 밧사니오는 포오샤에게 청혼하기 위해 친구 안토니오에게 돈을 빌리려고 한다. 그러나 안토니오도 당시 돈이 없어 둘은 고리대금업자인 샤일록을 찾아간다. 샤일록은 밧사니오에게 금화를 빌려주면서 '돈을 갚지 못할 경우 보증인인 안토니오의 살 1파운드를 잘라내되, 그 부위는 샤일록이 원하는 곳으로 한다'는 내용의 채무보증서를 작성한다.

돈을 빌린 밧사니오는 포오샤에게 청혼하여 결혼 승낙을 받는다. 그러나 화물을 싣고 도착해야 할 배들이 난파하며 안토니오는 파산 위기에 직면하고, 샤일록에게 진 빚을 갚기 위해 살 1파운드를 내줘야 해 목숨마저 잃을 위기에 처한다. 밧사니오가 안토니오를 구하러 달려왔지만, 안토니오를 없애고 싶어 했던 샤일록은 그의 살 1파운드를 잘라내는 것 이외에는 그 어떤 것도 받지 않겠다고 주장한다.

이때 포오샤가 기지를 발휘하여 '안토니오의 살 1파운드는 베어낼 수 있지만, 피를 흘리는 것은 채무보증서에 없으므로 피는 한 방울도 흘려서는 안 된다'는 판결을 받아낸다. 결국 샤일록은 안토니오의 피를 흘리지 않은 채로 살 1파운드를 잘라낼 수 없었고, 오히려 기독교인의 목숨을 노렸다는 이유로 재산을 몰수당한다. 그 후 안토니오의 배 중 한 척이 화물을 싣고 돌아오면서 이야기는 해피엔딩으로 끝이 난다. 소설의 결말은 해피엔딩이지만, 채무보증이 얼마나 무서운 것인지 보여주는 대표적 사례라고 할 수 있다.

기업이 타인에게 제공한 보증 역시 기업의 재무상태에 재앙을 초래할 수 있다. 기업이 보증했는데 채무자에게 채무불이행 가능성이 있을 경우 보증을 제공한 기업이 채무자를 대신하여 돈을 갚아야 하기 때문이다. 그리고 갚아야 하는 금액을 신뢰성 있게 예측할 수 있을 경우 그 금액을 '갚을 돈'인 부채에 반영해야 한다. 이것을 '충당부채'라고 한다.

충당부채는 과거의 사건이나 거래의 결과로 인해 발생한 의무(보증 등)로서 지출시기나 금액은 불확실하지만 의무를 이행해야 할 가능성이 높고, 그 금액을 신뢰성 있게 추정할 수 있는 의무를 말한다. 이러한 '충당부채'는 비록 아직 확정되지는 않았지만 '갚을 돈'에 해당하는 '부채'에 미리 반영해야 한다.

만약 안토니오가 기업이었다면 '살 1파운드를 떼어내되, 피를 흘려서는 안 된다'는 판결을 받기 전까지는 채무보증을 이행해야 할 가능성이 높았을 것이다. 그러므로 '자신의 살 1파운드'의 가치를 '충당부채'로 계상해야 했을 것이며, 살 1파운드의 가치는 죽음이었을 것이다.

| 우발부채와 충당부채 |

아리송한 회계용어

K-IFRS에서는 '남에게 돈을 갚아야 하는 상황'이 발생할 가능성이 높지 않은 경우 또는 발생 가능성은 높지만 그 금액을 신뢰성 있게 추정할 수 없는 경우에 그 내용을 우발부채로 주석에 공시한다. 반면에 충당부채의 경우 돈을 갚아야 하는 가능성이 높고, 그 금액을 신뢰성 있게 추정할 수 있는 금액을 의미하며, 그 추정금액을 '갚을 돈'인 부채로 계상한다. 참고로 일반기업회계기준에서는 충당부채와 우발부채의 판단기준은 '가능성이 매우 높은(높지 않은) 경우'로 K-IFRS와 차이가 있다.

분류	내용
확정부채	매입채무, 차입금, 미지급금
충당부채	퇴직급여충당부채, 제품보증충당부채, 하자보수충당부채
우발부채	미확정손해배상채무

세대교체의 대가
퇴직금

50

교육은 최상의 노후대비책이다.
— 아리스토텔레스

산업혁명 이후 일자리를 두고 노인세대
와 청년세대의 보이지 않는 힘겨루기가 시
작됐다. 일자리를 놓지 않으려는 노인들의
완강함은 취직하고 싶어 하는 젊은이들을
계속해서 좌절시켰다. 싸움을 끝낼 묘책이
필요하자 칼을 뽑아든 것은 독일의 재상 비
스마르크였다. 비스마르크는 65세가 넘는
노인이 일하지 않을 경우 정부가 퇴직금을
지급한다는 방안을 내놓았다. 노인들의 퇴

^ 오토 폰 비스마르크(1815~1898)

직을 유도함으로써 젊은이들에게 일자리를 잡을 수 있는 기회를 제공하고
자 했던 것이다. 여기서 퇴직금은 세대교체에 대한 대가였다. 비스마르크
가 세운 '정년 65세'는 현재까지도 '퇴직'의 기준이 되고 있다.

현재 우리나라에서 퇴직금은 확정급여형DB: Defined Benefit 또는 확정기
여형DC: Defined Contribution 퇴직연금에 가입하는 방식으로 처리된다. DB

형은 종업원이 퇴직할 때 회사가 확정된 퇴직금을 지급하는 방식이다. 회사는 퇴직금 지급재원을 마련하기 위해 자기 명의로 퇴직연금에 가입하고 퇴직연금 운용결과를 책임진다. 따라서 퇴직연금 운용으로 손해가 발생하더라도 회사는 종업원에게 확정된 퇴직금을 지급해야 한다.

반면에 DC형은 회사가 매년 퇴직금 상당액을 퇴직연금 운용사에 납입하고 그것으로 퇴직금 지급의무를 면하는 대신, 종업원이 퇴직할 때 해당 금융기관으로부터 본인이 직접 퇴직연금을 수령하는 방식이다. DC형의 경우 퇴직연금 운용에서 손해가 발생하더라도 회사는 추가로 책임을 지지 않는다. 즉, 퇴직연금 수익률에 대한 책임을 근로자가 진다.

아직까지 퇴직연금의 대다수는 DB형이다. 정년이 보장되고 해마다 호봉이 올라가는 안정적인 직장에 근무할 경우, 급여상승률이 퇴직연금 투자수익률보다 높아 DB형이 유리하기 때문이다. 반면에 연봉직이거나 이직이 잦은 경우 DC형이 유리할 수도 있다. 이런 점을 고려하여 근로자는 자신에게 잘 맞는 퇴직연금을 선택해야 한다.

퇴직금은 어떻게 회계처리 해야 할까? DB형의 경우 직원이 퇴사할 때 회사가 나중에 퇴직금을 지급해야 하므로, 일반기업회계기준에서는 회계기간 말일 기준으로 전 종업원이 일시에 퇴직할 경우 지급해야 할 퇴직금 상당액을 '퇴직급여충당부채'로 인식한다. 반면, K-IFRS에서는 미래에 지급할 것으로 예상되는 퇴직금을 현재 가치로 할인한 금액을 '확정급여채무'라는 부채로 계상해야 한다. DC형의 경우 퇴직연금 불입액을 금융기관에 납입하면 그것으로 퇴직금 지급의무를 면하기 때문에 회사는 퇴직금 불입액만큼만 비용(퇴직급여)으로 처리하면 된다.

51

IMF는 왜 저승사자가 되었나?

부채비율

나라가 파산할지도 모를 위기에 우리는 당면해 있습니다. 막대한 부채를 안고, 매일같이 밀려오는 만기외채를 막는 데 급급하고 있습니다.

— 김대중 대통령 취임사(1998.2.25) 중에서

1997년 11월 21일은 우리나라 경제의 역사가 큰 변화를 겪은 날이다.

1997년 여름 태국에서 시작된 동남아시아의 외환위기는 그해

^ IMF 구제금융 합의 서명 장면 ⓒ한국경제신문(2011.6.3)

가을 우리나라를 강타했다. 우리나라 역시 상환해야 할 외화채무에 비해 외환보유고가 턱없이 부족해 잘못하면 국가가 파산할 수도 있었다. 영화 제목처럼 '국가 부도의 날'이 도래하고 있었던 것이다.

외환보유고 부족을 해결하지 못한 정부는 결국 1997년 11월 21일 국제통화기금(IMF)에 구제금융을 신청했다. 덕분에 국가 부도 직전까지 갔던 국내경제가 기적적으로 회생했지만 그 대가는 엄청났다. IMF 외환위기로 인해 30대 재벌그룹 가운데 16개사가 해체되었고, 100여 개 이상의 중소

기업이 도산했다.

IMF는 한국에 구제금융을 제공하는 대신 강도 높은 구조조정을 요구했다. 그중 하나가 바로 대기업들의 부채비율을 200% 이하로 유지하라는 것이었다. '부채비율'이란 부채총액을 자본총액으로 나눈 값을 말한다.

$$부채비율(\%) = \frac{부채총액}{자본총액} \times 100$$

자산총액이 300억원, 부채총액 200억원 그리고 자본총액이 100억원인 회사의 경우 부채비율은 200%다. 부채비율은 기업이 남의 돈을 얼마나 끌어들여 사업을 하고 있는지를 나타내는 대표적인 지표다.

IMF는 왜 부채비율을 200%로 유지하라고 했을까? 1997년 당시 30대 대기업의 평균 부채비율은 500%를 넘었다. 국내 재벌 기업들은 은행 빚을 끌어다가 사업을 무리하게 확장한 결과 부채비율이 지나치게 높았고, 이러한 과도한 차입경영은 외환위기에 한몫을 담당했다.

IMF의 권고에 따라 정부는 재벌 기업들에 1999년까지 부채비율을 200%로 낮출 것을 요구했다. IMF는 우리나라가 감내할 수 있는 부채의 한계를 200% 초반으로 보았다. 부채비율을 최소 200% 정도로 낮추어야 무한경쟁시대에 기업들이 생존할 수 있다고 판단한 것이다.

기업들은 부채비율을 200%로 낮추기 위해 뼈를 깎는 구조조정을 감행했다. 그 과정에서 대규모 실직과 무더기 부동산 매각이 이루어졌고 중산층의 비율은 줄어들었다.

IMF 외환위기는 극복했지만 자산, 노동, 빈부의 양극화가 극심해졌고 우리나라 경제는 아직까지도 그 후유증을 극복하는 과정에 있다.

| 자기자본비율 |

부채비율과 함께 고려해야 하는 것이 자기자본비율이다. 자기자본비율이란 자기자본이 총자본에서 차지하는 비중을 말한다. 총자본이란 타인자본인 부채와 자기자본의 합계액으로 자산총계와 같으며, 결국 총자본(총자산)에서 자기자본이 차지하는 비중을 알려주는 지표다. 자기자본비율이 낮다는 것은 타인자본, 즉 부채를 많이 이용한다는 것이므로 이자비용이 많이 지출되어 부실의 위험이 있다. 보통 자기자본비율이 50%를 넘으면 우량기업, 15% 미만이면 부실가능성이 있는 기업으로 평가한다.

52

가축의 마릿수

자본

정직은 가장 확실한 자본이다.
— 랠프 월도 에머슨, 미국 시인

자본Capital이란 순수한 나의 재산을 말한다. 진정한 자본의 역사는 농경시대 이전 목축시대부터 시작되었다. 목축시대에 내가 가진 재산, 곧 자본은 가축이었다. 소, 양, 염소, 말 등을 가축으로 길들이는 데 성공하면 이는 곧 자신의 소유가 되었다. 자연스레 소유권의 개념이 생겨났고, 가축을 사고팔면서 자본의 거래도 발생했다.

고대 인도유럽어에서는 가축의 마릿수를 caput이라고 했는데, 이것이

∧ 가축이 그려진 라스코 동굴벽화

∧ 남아프리카의 양과 소

라틴어의 capitale를 거쳐 영어의 capital, 즉 자본을 뜻하는 단어가 되었다. 영어 중 '금전의'라는 뜻을 가진 'pecuniary'와 인도의 화폐단위인 루피 Rupie도 '가축떼'를 뜻하는 단어에서 유래했다. 결국 목축시대의 가축은 내가 가진 순수한 '재산'이었다. 가축이 번식을 통해 증식하듯 자본 역시 이익창출 과정을 통해 축적되기 때문에 자본을 capital이라고 부른다.

기업은 주주가 출자하여 조달한 자금(자본)과 타인으로부터 빌린 돈(부채)으로 사업하여 자산을 축적하고, 이렇게 형성한 자산 중 다른 사람에게 갚아야 하는 금액(부채)을 제외하고 남은 금액이 주주의 몫인 자본에 해당한다. 자본은 순자산(자산-부채) 또는 자기자본이라고도 한다.

자본은 자산에서 부채를 차감하여 계산하지만, 그 구성내역은 자본금, 자본잉여금, 이익잉여금, 기타자본항목 등으로 다양하다. 자본금과 주식발행초과금은 주주가 회사에 투자하기 위해 납입한 금액이며, 이익잉여금은 수익창출활동을 통해 증가한 자본이다. 자본의 구성내역은 다음과 같다.

자본의 구성내역

계정과목	내용
자본금	주주가 납입한 출자금 중 발행주식의 액면가액
자본잉여금	자본거래로 인해 증가한 금액 중 자본금 이외의 금액. 주식발행초과금이 대표적인 자본잉여금 항목이다.
이익잉여금	손익거래로 인해 증가한 잉여금으로 회사 내에 유보하는 금액
기타자본항목	자본항목 중 어느 계정으로 분류해야 할지 미정인 항목을 반영하는 곳. 대표적으로 회사가 취득한 자기주식이 있다.
기타포괄손익 누계액	당기순이익에 포함되지 않는 손익(기타 포괄손익)을 반영하는 과목. 장기간 보유할 목적으로 취득한 매도가능증권의 평가손익은 당기손익으로 보기 어렵기 때문에 기타포괄손익으로 자본항목에 직접 반영한다.

53

동인도회사에 투자한 돈
자본금

> 동인도회사를 설립해서 적에게 타격을 가하고
> 조국의 안보에 도움이 되도록 한다.
> — 요한 반 올덴바르너벨트, 네덜란드 정치가

네덜란드 동인도회사는 아시아로 진출하여 향료무역을 하기 위해 설립된 역사상 최초의 주식회사였다.[*] 향료무역을 하려면 대규모로 무역선을 건조해야 하고, 선원들을 모집해야 하며, 식량과 생필품들을 구입해야 하므로 엄청난 자금이 소요되었다. 동인도회사는 자금을 조달하기 위해 향료무역에서 수익이 생기면 나눠주는 조건으로 투자자를 모집했다. 대자본가뿐만 아니라 하녀, 과부, 직공 등 가난한 사람들까지 많은 수가 투자 대열에 가담했다.

동인도회사에 투자한 사람이 수천 명을 넘고 모인 자금 또한 엄청나다 보니 개인별로 얼마를 투자했는지 정확하게 파악해야 했다. 그래야 나중에 수익이 생겼을 때 투자금에 비례하여 이익을 분배할 수 있기 때문이었

---

[*] 동인도회사의 탄생에 큰 영향을 끼친 네덜란드의 정치가 요한 반 올덴바르너벨트의 말에 비추어 보면, 동인도회사의 설립 배경에는 영국과의 경쟁에서 앞서기 위한 정치적 목적도 있었던 것으로 보인다(주경철, 2008).

∧ 네덜란드 동인도회사 조선소, 1726

∧ 네덜란드 동인도회사에 투자했음을 증명하는 주권

다. 동인도회사는 투자받은 자금을 모두 한곳에 모으고 이것을 '자본금'이라고 불렀다. 그런 다음 개인별로 투자한 자금이 얼마인지 증명하는 증서인 주권을 발행했다.

투자금을 회수하고 싶을 경우 투자자는 자신이 보유한 주권을 다른 사람에게 팔 수 있었다. 증권거래소와 주식시장도 이때 생겨났다. 주권의 매매를 통해 주주만 바뀌면 되기 때문에 동인도회사는 투자금을 돌려줄 필요가 없었다. 그리고 수십 명의 이사들이 회사를 경영했기 때문에 주주들은 회사 경영에 신경 쓰지 않아도 되었다. 주식회사는 이렇게 태동했다.

동인도회사와 같은 주식회사를 만들기 위해서는 주주들이 자금(자본금)을 출자해야 한다. 그리고 회사는 자본금을 납입한 주주의 권리를 표시하기 위해 주식을 발행해야 한다. 주주들이 회사에 대해 갖는 지분을 주식이라고 하고, 주식을 보유하고 있다는 권리를 표시하기 위해 발행하는 증권을 주권이라고 한다. 예를 들어, 주주들이 5,000만원을 투자하여 주식회사를 만들면서 주식을 1만 주 발행하고 주식 1주당 액면가액을 5,000원으로 할 경우 발행주식 액면가액의 합계액인 5,000만원이 자본금이 된다.

회사가 조달한 자금 중 차입금이나 사채와 같은 부채는 반드시 상환해

야 하지만, 자본금은 부채를 상환하고 남는 금액이 있을 때만 상환할 수
있다.

∧ 우리나라 최초의 주식회사인 한성은행 주권   ∧ 1999년 발행한 삼성전자 주권 ⓒ증권박물관
　ⓒ한국민족문화대백과사전

| 자본금과 출자금 |

아리송한 회계용어 ᒣ

자본금은 주식회사의 주주들이 출자한 금액으로 발행주식의 액면총액을 의미한다. 주식회사
이외의 기업들에 대한 자본출자는 출자금이라고 한다. 출자금은 형식적으로 주권과 같은 증
권이 발행되지 않을 뿐 자본금과 유사하다.

우선주

철도가 처음 등장했을 때 사람들은 시속 25km의 '빛과 같은 속도'가
기차에 탄 인간을 가루로 만들어버릴 거라고 믿었다.
— 에드워드 챈슬러, 《금융투기의 역사》 중에서

산업혁명이 영국에서 발생한 주된 이유로 증기기관과 방직기의 발명
등 기술상의 진보와 그에 따른 면직물의 대량 생산을 손꼽는다. 그러나 교
통수단의 발달, 특히 철도의 개통도 상당히 크게 기여했다.

최초의 증기기관차는 1825년에 등장했지만 승객과 화물을 실어 나르
는 철도는 1830년에야 개통되었다. 1830년 9월 15일 리버풀과 맨체스터
사이에 개통한 철도는 산업혁명을 촉진하는 계기가 되었다. 리버풀항으

∧ 1830년 9월 15일 열린 맨체스터 리버풀 철도노선 개통
식 모습

∧ 토마스 베리, 리버풀과 맨체스터 사이의 '챗 모스'
늪 지대를 통과하는 철도, 1831

로 수입된 목화는 철도를 통해 면직 방직업의 중심지인 맨체스터로 옮겨졌고, 맨체스터에서 만들어진 완제품은 다시 리버풀로 이동되어 수출되었다. 수로를 통해 두 도시 사이를 이동할 경우 36시간이 걸렸지만, 철도를 이용하면 이동시간이 5~6시간 정도로 단축되었다. 철도는 그야말로 산업혁명의 주역이었다.

리버풀과 맨체스터 사이에 개통한 철도의 성공은 영국 전역에 철도열풍을 불러일으켰다. 철도회사의 주가는 순식간에 2배로 뛰었다. 철도의 미래를 내다본 사람들은 앞 다투어 철도회사에 투자했고, 수십 개의 철도회사들이 엄청난 자본금을 끌어들이며 영국 전역에 철도가 깔리기 시작했다. 철도회사에 대한 투자열풍은 계속 이어졌다.

그러나 1840년대에 접어들면서 사정은 조금씩 달라졌다. 철도회사들은 투자금을 계속해서 늘리고 싶어 했지만, 주주들은 주식을 더 발행하면 주가가 떨어질 위험이 있다며 반대했다. 채권은 정부의 규제로 인해 무한정 발행하기 어려웠다.

이때 등장한 것이 '우선주'였다. 우선주는 일반 주식(보통주)과 동일한 형태로 발행되지만, 보통주보다 우선하여 배당 받을 수 있고 회사채 이자와 유사하게 고정된 배당률이 적용되는 장점이 있었다.

대신 보통주와 달리 의결권은 부여하지 않는 것이 일반적이었다. 회사의 경영보다는 투자수익에 더 관심이 많은 투자자들은 우선적 배당권이 있는 우선주를 선호했다. 회사 입장에서도 우선주는 회사채와 달리 배당가능이익이 있을 경우에만 배당할 수 있고, 의결권도 없어 경영을 위협하지 않는다는 장점이 있었다. 우선주는 회사채와 보통주의 중간에 있다고 보면 된다. 이런 이유로 우선주는 상당한 인기를 끌었는데 1849년경 영국 철도회사 발행주식의 66%가 우선주였다고 한다.

우선주는 보통주와 마찬가지로 주식 형태로 발행되기 때문에 통상 자본(우선주 자본금)으로 회계처리를 하는 것이 일반적이지만, K-IFRS에서는 상환조건에 따라 부채로 분류하는 경우도 있다.

아리송한 회계용어

| 우선주 |

우선주(優先株, Preferred stock)는 우선적 권리가 부여된 주식의 일종이다. 보통주보다 이익배당에서 우선순위가 높은 배당우선주, 이익이 있으면 우선 상환할 수 있는 상환우선주, 보통주로 전환할 수 있는 전환우선주 등이 있다. 보통주는 의결권이 있지만, 우선주는 의결권이 없는 경우가 많다. 주식시장에서는 회사명 뒤에 '우'를 붙여 우선주와 보통주를 구분한다. 예를 들어 삼성전자가 발행한 우선주는 증권시장에서 '삼성전자우'로 표시한다.

상환전환우선주(RCPS)

방탄소년단의 성공은 진정성, 소셜미디어의 활용
그리고 글로벌한 팬덤 구축 덕분이다.
— 미국 CNBC 기사(2017.12.29)

　　2013년에 데뷔한 7인조 보이그룹 방탄소년단BTS은 지금까지도
K-POP의 새로운 역사를 쓰고 있다. 2018년에 내놓은 새 앨범 〈LOVE
YOURSELF 轉 'Tear'〉은 미국 '빌보드 200' 차트에서 1위에 올랐다. 이는
우리나라 가수 중 최초이며, 비영어권 곡이 1위에 오른 것 역시 12년 만이
다.

　　방탄소년단의 성공에는 음악 실력, 진정성, 소셜미디어를 통한 팬들과
의 소통확대 등이 큰 역할을 했다. 특히 방탄소년단은 소셜미디어를 통해
전 세계 팬들과 교류하면서 강력한 팬덤을 구축하여 철옹성 같은 미국음
악시장에서 빌보드 1위라는 놀라운 성과를 일궈냈다. 이는 대형기획사 소
속이 아니라는 것을 고려할 때 기적에 가까운 성과다. 방탄소년단의 성공
으로 소속사인 빅히트엔터테인먼트의 매출도 수직으로 상승했다.

　　방탄소년단의 성공이 가장 반가운 곳은 당연히 소속사인 빅히트엔터
테인먼트일 것이다. 그러나 소속사만큼이나 이들의 성공을 반기는 곳이
있다. 바로 방탄소년단의 가능성을 믿고 투자한 벤처캐피탈Venture Capital

투자회사다. 벤처캐피탈 투자회사
는 방탄소년단이 데뷔하기 전부터
빅히트엔터테인먼트에 투자한 것
으로 알려져 있다.

벤처캐피탈 투자회사는 어떻
게 방탄소년단의 성공가능성만 보
고 빅히트엔터테인먼트에 투자했
을까? 그 이유는 이런 경우에 자주
활용되는 투자방법이 있기 때문이
다. 벤처캐피탈 투자회사는 빅히트

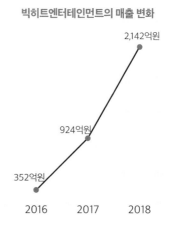

빅히트엔터테인먼트의 매출 변화

2,142억원

924억원

352억원

2016   2017   2018

출처: 빅히트엔터테인먼트

엔터테인먼트의 상환전환우선주RCPS: Redeemable Convertible Preferred Shares에
투자했다.

상환전환우선주, 즉 RCPS란 상환권과 전환권이 부여된 우선주를 말한
다. 상환권이란 약정한 기간이 도래했을 때 RCPS 투자금을 상환받을 수
있는 권리이고, 전환권이란 우선주를 보통주로 전환할 수 있는 권리다.

빅히트엔터테인먼트가 발행한 RCPS에 투자한 벤처캐피탈 투자회사
는 방탄소년단이 실패하더라도 약정한 기간이 되면 상환권을 행사하여 투
자금을 상환받을 수 있다.

또한, 방탄소년단이 성공할 경우에는 우선주를 낮은 가격에 보통주로
전환한 후 시장에 매각함으로써 큰 수익을 얻을 수 있다. 즉, 방탄소년단
이 실패하더라도 투자금을 회수할 수 있고 성공할 경우 더 큰 수익을 얻을
수 있다. RCPS 덕분에 벤처캐피탈 투자회사는 방탄소년단의 미래에 투자
할 수 있었던 것이다. 이렇듯 RCPS는 안정성과 수익성이 동시에 보장되
는 상품이어서 스타트업 회사에 투자할 때 많이 활용된다.

그렇다면 RCPS를 발행한 기업은 이를 어떻게 회계처리 해야 할까? RCPS는 우선주로서 자본의 성격을 가지고 있지만, 만기가 도래했을 때 상환받을 권리가 부여되어 있으므로 '갚을 돈'인 부채의 성격도 지닌다. 일반기업회계기준에서는 자본으로 보지만, IFRS상으로는 보통 부채로 분류한다. 다만, 발행회사가 상환권을 보유하고 있는 등 일정 요건 충족 시 K-IFRS에서도 자본으로 분류한다. 투자자가 아니라 발행회사의 선택에 따라 RCPS를 상환하지 않을 수 있다면 자본의 성격을 지니기 때문이다.

〈리니지〉가 가져온 1,570배의 가치
주식발행초과금

투자란 훌륭한 회사를 몇 군데 찾아내어
그저 엉덩이를 붙이고 눌러앉아 있는 것이다.
— 찰리 멍거, 버크셔 해서웨이 부회장

넷마블게임즈(현재 넷마블)가 2016년 12월 내놓은 〈리니지II: 레볼루션〉은 중세시대를 배경으로 하는 모바일게임이다. 구글플레이에서 선정한 2017년 베스트 게임에 뽑혔고, 누적 매출 1조원을 넘어선 명실상부한 넷마블게임즈의 대표게임이다.

∧ 〈리니지II: 레볼루션〉 ⓒ넷마블

넷마블게임즈는 〈리니지II: 레볼루션〉의 흥행에 힘입어 2017년 4월 증권시장에 상장IPO하기 위해 유상증자(기업이 주식을 추가로 발행해 자본금을 늘리는 것)를 실시했다. 상장을 위한 유상증자란 회사가 증권시장에 상장하기 위해 일반인들을 대상으로 공개적으로 주식을 새로 발행하고 투자금을 유치하는 것을 말한다. 〈리니지II: 레볼루션〉의 흥행에 열광한 투자자들은 주식 청약에 대거 참여했다. 청약에 참여한 증권회사들은 1,695만 3,612주를 배정받았고, 1주당 취득가액은 15만 7,000원이었다. 유상증자를 통해 2조 6,617억원의 투자금이 유입됐고 넷마블게임즈는 코스피 시장에 성공적으로 진입했다.

놀라운 것은 넷마블게임즈의 1주당 액면가액이 100원에 불과했다는 것이다. 1주당 100원짜리 주식을 새로 발행하면서 1주당 15만 7,000원을 받았으니 액면가액 대비 무려 1,570배의 가치를 인정받은 셈이다. 〈리니지II: 레볼루션〉의 흥행 덕분에 시장에서 넷마블게임즈의 미래가치를 높게 평가한 것이라고 할 수 있다.

유상증자를 통해 넷마블게임즈에 유입된 돈 2조 6,617억원은 어떻게 회계처리를 해야 할까? 새로 주주가 된 사람들로부터 자본을 출자 받았으므로 모두 자본금으로 회계처리 하면 될까?

그렇지 않다. 자본금은 주주로부터 출자 받은 금액 중 '발행주식의 액면가액'만을 의미한다. 넷마블게임즈의 주식의 액면가액은 1주당 100원이므로 자본금은 100원이다. 그러면 주주들이 납입한 1주당 15만 7,000원에서 나머지 15만 6,900원은 어떻게 처리해야 할까?

유상증자를 하면서 액면가액보다 높은 금액으로 주식을 발행하는 것을 '할증발행'이라고 하고, 발행금액과 액면가액의 차액을 '주식발행초과금'이라고 한다. 넷마블게임즈의 경우 주식발행금액 1주당 15만 7,000원(총 2조 6,617억원)과 액면가액 1주당 100원(약 17억원)의 차이가 주식발행초과금이 된다.

넷마블게임즈로 들어온 돈 2조 6,617억원은 어느 계정으로 갔나?

발행주식의 액면금액 17억원 → 자본금

자본금을 초과하는 금액 2조 6,600억원 → 주식발행초과금

주식발행초과금은 회계상 자본잉여금으로 처리한다. 자본잉여금이란 주식의 납입 또는 환급 등 자본거래로 인해 발생한 금액 중 자본금 이외의 금액을 기록하는 계정이다. 주식발행초과금은 주식 발행금액 중 자본금을 초과하는 금액을 의미하므로 자본잉여금 중 한 과목으로 처리한다.

넷마블게임즈의 2017년 12월 31일 재무상태표

재무상태표

제7(당) 기말 2017년 12월 31일 현재
제6(전) 기말 2016년 12월 31일 현재

회사명: 넷마블게임즈 주식회사 (단위: 원)

과목	주석	제7(당) 기말	제6(전) 기말
자본			
Ⅰ. 자본금	1, 22	8,502,638,500	6,777,638,800
Ⅱ. 자본잉여금	22	2,992,070,299,394	350,287,813,252
Ⅲ. 이익잉여금	23	157,648,000,979	72,687,163,540
Ⅳ. 기타자본항목	24	1,226,773,930,968	935,908,024,819
자본총계		4,384,994,869,841	1,365,660,640,411

넷마블게임즈의 2017년 12월 31일 재무상태표를 보면 2017년에 유상증자를 통해 들어온 돈 2조 6,617억원 중 발행주식의 액면금액에 해당하는 약 17억원(자본금 제7기말과 제6기말의 차액)은 자본금 계정에, 발행금액 중 자본금을 초과하는 금액인 약 2조 6,600억원은 자본잉여금 내 주식발행초과금에 반영되어 있다. 주식발행 관련 비용이 주식발행초과금에서 직접 차감되기 때문에 실제 재무상태표에 반영된 금액과 일부 차이가 있다.

이익잉여금

사방 백 리 안에 굶어 죽는 사람이 없게 하라.
— 전진문, 《경주 최부잣집 300년 부의 비밀》 중에서

경주 최씨는 약 300년간 10대에 걸친 조선시대의 만석꾼이었다. 자신의 토지를 소작인에게 빌려주고 농사를 짓게 한 후 그로부터 소작료 만석을 받는 사람을 만석꾼이라고 한다. 쌀을 생산하면 보통 소작인과 땅 주인이 반씩 나누기 때문에 1만석의 소작료를 받기 위해서는 최소한 2만석의 쌀을 생산해야 한다. 따라서 2만석의 쌀을 생산하는 땅 주인을 만석꾼이라고 부른다.

《경주 최부잣집 300년 부의 비밀》의 저자 전진문 교수에 의하면, 조선시대에 2만석의 쌀을 생산하는 만석꾼은 약 300만평의 논밭을 가진 자였다. 경주 최부잣집은 조선시대의 대표적 만석꾼이었다. 최부잣집은 만석꾼으로도 유명하지만 검소와 절약을 특히 강조했다. 흉년이 들면 과감히 곳간을 열고 빈민을 구제하여 사회 고위층에게 요구되는 도덕적 의무인 노블레스 오블리주Noblesse Oblige를 몸소 실천했다.

최부잣집은 사방 백 리 내의 빈민구제를 위해 노력했는데, 백 리는 아침에 나섰다가 저녁에 돌아올 수 있는 거리로 사방 백 리 안은 동향에 포

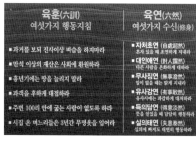

▲ 경주 최부잣집의 가훈　　　　　　　　　▲ 경주 교동에 남아 있는 최부잣집의 곳간 ©두산백과

함되는 범위였던 것으로 보인다. 경주 교동 최씨고택에는 쌀가마니가 최대 800석 들어간다는 곳간(창고)이 아직도 남아있다.

최부잣집에서 곳간은 어떤 의미일까? 회계의 관점에서 보면 최부잣집이 소작인들로부터 받은 만석이라는 쌀은 매출(임대료)이 되고, 각종 지출을 빼고 남은 쌀가마(순이익)는 곳간에 저장된다. 즉, 곳간은 매출에서 비용을 뺀 순이익을 저장하는 창고다. 최부잣집 곳간에 저장되는 쌀가마와 같이 기업이 벌어들인 순이익을 저장하는 회계창고를 이익잉여금이라고 한다.

예를 들어, 최부잣집이라는 기업이 연간 쌀가마 1만석의 매출을 올리고 각종 비용으로 5,000석을 지출하고 5,000석이 순이익으로 남았다고 하자. 손익계산서상 5,000석의 순이익은 재무상태표상 이익잉여금이라는 회계창고에 저장된다. 매년 발생한 순이익은 이익잉여금이라는 회계창고에 계속 쌓이므로 이익잉여금은 기업이 지금까지 벌어들인 순이익의 누적합계라고 볼 수 있다.

손익계산서	재무상태표	
수익 1만석 (비용) 5,000석	자산 - 유동자산 - 비유동자산	부채
순이익 5,000석 ┄┄┄		자본 - 자본금 - 이익잉여금(5,000석) ◀┄

| 잉여금 |

잉여금(剩餘金)이란 보통 '다 쓰고 난 후 남은 돈'을 말하지만 회계에서는 그 의미가 조금 다르다. 회계상 잉여금은 자본잉여금과 이익잉여금으로 구성된다. 자본잉여금은 자본거래로 인해 증가한 금액 중 자본금 이외의 금액을 말하고, 이익잉여금은 손익거래를 원천으로 하여 발생한 이익 중 회사 내에 유보하는 금액을 말한다.

SK 하이닉스 주주들을 웃게 한
자기자본이익률(ROE)

기업의 이익은 처음부터 사회의 것이었다.
— 故 최종현, SK 회장

    SK하이닉스는 기업회생의 대표적 아이콘이다. 1983년 현대전자산업 주식회사로 출발했으나 2001년 회사명을 하이닉스로 바꾼 후 채권단 공동관리가 시작되었고, 새로운 주인을 찾기 위한 기나긴 여정 끝에 2011년 SK텔레콤에 인수되면서 SK하이닉스가 되었다.

    SK텔레콤이 인수할 당시만 해도 SK하이닉스의 사정은 녹록지 않았다. 2011년 3분기 하이닉스의 영업손실은 2,767억원에 달했고, 인수 이후 2012년에는 연결재무제표 기준으로 영업손실이 2,273억원에 이르는 등 상황이 더 악화되었다. 인수합병 후 재정상황이 악화되는 '승자의 저주'에 대한 우려가 실질적인 위험으로 나타날 수준이었다.

∧ SK하이닉스 반도체 공장

그랬던 SK하이닉스가 2017년 매출액 30조원에 영업이익 13조 7,000억원에 달하는 최고의 실적을 달성했다. 내부의 노력과 반도체시장의 호황이 맞물리며 세계 3위권 반도체회사로 올라섰고, 동시에 SK의 주력기업으로 탈바꿈했다. 미운 오리새끼가 화려한 백조로 변신한 것이다.

2017년 SK하이닉스가 달성한 것 중 주주들이 가장 좋아하는 지표는 무엇일까? 바로 자기자본이익률이다. 자기자본이익률ROE: Return On Equity이란 당기순이익을 평균자기자본(전기말 자기자본과 당기말 자기자본의 평균값)으로 나눈 값을 말한다.

$$\text{자기자본이익률(ROE, \%)} = \frac{\text{당기순이익}}{\text{평균자기자본}} \times 100$$

자기자본이익률, 즉 ROE는 기업에 투자한 주주의 수익률을 나타내는 지표다. 한마디로 회사가 주주들의 돈으로 얼마나 수익을 올렸는지 알려준다. ROE가 높다는 것은 기업이 주주로부터 투자 받은 돈인 자기자본을 잘 활용하여 순이익을 많이 내고 있다는 뜻이다. 만약 자기자본이 1,000원이고 당기순이익이 100원이라면 ROE는 10%로 1,000원을 투자해서 100원을 벌었다는 의미다. 주주들 입장에서는 ROE가 최소한 시중금리보다 높아야 좋다. 전설적인 투자자로 꼽히는 워런 버핏은 ROE가 최소한 15% 이상인 회사들을 주요 투자 대상으로 삼는 것으로 알려졌다.

SK하이닉스의 2017년 ROE는 36.8%에 달했다. 여기에는 어떤 의미가 있을까? 이는 우리나라 30대 상장사 중에서 가장 높은 지표에 해당하며, 워런 버핏이 강조한 ROE 15%를 훌쩍 뛰어넘는 수준이다. 한때 그 누구도 인수하려고 하지 않았던 하이닉스는 SK의 품에 안기면서 30대 상장사 중에서 가장 큰 주목을 받는 회사로 변모했다. 그야말로 상전벽해桑田碧海가 아닐 수 없다.

총자산이익률(ROA)

숫자로 표현할 수 없다면 빈약하고 불충분한 지식이다.
— 윌리엄 톰슨, 영국 수리물리학자

　자기자본이익률, 즉 ROE가 높다고 해서 다 좋은 회사는 아니다. 왜 그럴까? ROE는 당기순이익을 평균자기자본으로 나눈 값이다. ROE가 높으려면 분자인 당기순이익이 크거나 분모인 평균자기자본이 작으면 된다. 따라서 SK하이닉스와 같이 분자에 해당하는 당기순이익이 증가하여 ROE가 높아지는 경우도 있지만, 주주로부터 투자받는 평균자기자본 대신 차입금(부채)을 늘려 분모를 줄임으로써 ROE를 높일 수도 있다. 그래서 ROE만 고려할 경우 차입금의 증가로 ROE가 높아진 회사를 좋은 회사로 착각할 수도 있다.

　그렇다면 좋은 회사인지 아닌지 알기 위해 ROE 외에 어떤 지표를 더 살펴보아야 할까? 바로 총자산이익률을 보면 된다. 총자산이익률ROA: Return on Asset은 당기순이익을 총자산으로 나눈 값으로서 회사가 총자산, 즉 자기자본과 부채로 돈을 얼마나 벌었는지를 알려준다.

$$총자산이익률(ROA, \%) = \frac{당기순이익}{총자산} \times 100$$

ROE 외에 ROA도 고려해야 하는 이유를 살펴보자. 다음과 같이 총자산이 200억원, 매출액이 100억원으로 동일한 A회사와 B회사가 있다고 가정해 보자. 어떤 회사가 투자하기에 더 매력적일까?

구분	A회사	B회사
총자산(자산총액)	200억원	200억원
자기자본	100억원	20억원
차입금	100억원	180억원
매출액	100억원	100억원
당기순이익	20억원	10억원
ROE	20%	50%
ROA	10%	5%

ROE를 살펴보면 B회사가 50%로 20%인 A회사보다 훨씬 매력적이다. 그러나 앞서 설명했듯이 ROE만으로 판단하면 안 된다. B회사는 자기자본보다는 차입금을 조달하여 사업을 벌이는 회사이기 때문이다. B회사의 ROE가 높은 이유는 순이익이 많아서라기보다 자기자본 조달규모가 적었기 때문이다.

ROA를 살펴보면 A회사는 10%, B회사는 5%로 A회사가 B회사보다 높다. 이는 총자산을 이용하여 수익을 내는 능력에서는 A회사가 B회사보다 낫다는 뜻이다. ROE만으로 판단해서는 안 되는 이유가 여기에 있다.

우리나라 기업들은 총자산을 사용하여 돈을 잘 벌고 있을까? 한국경제연구원이 한국, 미국, 중국, 일본 4개국 500대 기업의 ROA를 분석한 결과, 우리나라 기업들의 ROA는 계속 떨어져 2015년에는 4개국 중 꼴찌를 기록했다. 이 사실은 우리나라 기업들이 자기자본과 부채를 가지고 돈을 벌기가 점점 더 어려워지고 있음을 의미한다. 2016년 이후로도 대한민국의 ROA는 점점 낮아지고 있다. 대한민국이 ROA가 높은 국가로 재도약하기 위해서는 더 많은 기술개발, 혁신, 투자 등의 노력이 필요해 보인다.

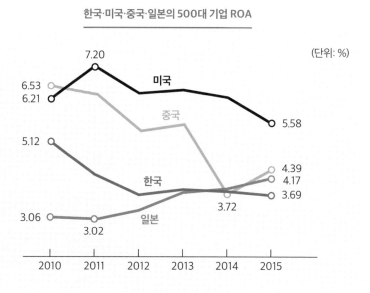

한국·미국·중국·일본의 500대 기업 ROA

(단위: %)

60

유보율에 관한
오해와 진실

천재는 1%의 영감과 99%의 노력으로 이루어진다.
— 토머스 에디슨

말은 제대로 전달되지 않으면 오해를 낳는다. 그 대표적인 예가 에디슨이 남긴 말이다. 에디슨은 세계에서 가장 많은 발명품을 만들어낸 발명의 천재다. 그는 "천재는 1%의 영감과 99%의 노력으로 이루어진다."라고 말했는데, 사람들은 1%의 영감보다 99%의 노력에 더 관심을 두었다. 그 결과 에디슨의 말은 노력하면 할 수 있다는 뜻의 대표적인 명언으로 사용되어 왔다.

ꕔ 토머스 에디슨(1847~1931)

그러나 사실 에디슨은 99%의 노력이 있더라도 1%의 영감이 없으면 천재성을 발휘하기 어렵다는 취지에서 이 말을 했다. 대중매체가 메시지의 진실을 잘못 전달한 것이다. 어쩌면 알고서 그랬을 수도 있다. 일반 대중은 자신이 쉽게 얻기 어려운 1%의 영감보다는 99%의 노력에 안도감을 느끼기 때문이다. 자기도 노력하면 천재에 가까워질 수도 있다는 자기위안은 이렇듯 오해를 불러오고 진실을 외면하는 결과를 낳았다.

회계에도 이러한 오해가 존재한다. 대표적인 것이 유보율에 대한 오해다. '유보'란 '사용하지 않고 보유한다'는 뜻이다. 유보율은 보통 잉여금(이익잉여금과 자본잉여금의 합)을 자본금으로 나눈 비율을 말한다.

$$유보율(\%) = \frac{이익잉여금 + 자본잉여금}{자본금} \times 100$$

유보율이 높다는 것은 자본금과 비교할 때 자본거래로 적립한 금액(자본잉여금)과 기업이 벌어들인 이익(이익잉여금)의 비율이 높다는 뜻이다. 기업의 역사가 오래되어 누적된 이익잉여금이 많거나 수익성이 높아 벌어들이는 이익의 절대규모가 클 경우에는 유보율이 높다. 회사의 유보율이 높으면 높을수록 재무 안정성도 높다.

문제는 '유보율이 높다'는 것을 '현금을 많이 보유하고 있다'는 것으로 오해하는 경우가 많다는 것이다. 그래서 유보율이 높은 회사들에 현금을 많이 보유하고 있으면서도 투자에 인색하다는 비판이 쏟아진다. 더 나아가 유보율이 높은 회사의 사내유보금에 대해 세금을 물려야 한다는 이야기가 매우 합리적인 것처럼 들린다.

과연 그럴까? 다음 A회사를 보면 그렇지 않음을 알 수 있다.

A회사는 자본금 50원을 투자하여 사업을 시작한 후 5년 동안 매년 1,000원씩 이익을 남겼다. 그리고 이익으로 남은 돈 중 1%(10원)만 현금으로 보유하고 나머지 99%는 자산을 취득하고 개발하는 데 투자했다. **5년 후 재무상태표는 어떨까?**

A 회사의 5년 후 재무상태표는 다음과 같다.

자산	부채와 자본
현금 50원	자본금 50원
유형자산과 투자자산 5,000원	이익잉여금 5,000원

여기서 유형자산과 투자자산 5,000원은 최초 자본금 50원과 매년 발생한 이익잉여금 중 990원을 5년간 투자한 금액의 합이다. 이때 A 회사의 유보율은 무려 1만 %(이익잉여금 5,000원÷자본금 50원×100)에 달한다. 그러나 A 회사는 벌어들인 이익의 대부분을 다시 투자해 왔다. 이런데도 현금을 쌓아놓고도 투자하지 않았다고 A 회사를 비판할 수 있을까? 어려울 것이다.

이렇듯 유보율과 투자를 같은 선상에 놓고 비교하는 것은 마치 소에게 말처럼 뛰지 않는다고 비판하는 것과 같다. 애초에 말이 되지 않는 이야기인 것이다.

회계에도 황금비율이 있을까?

그리스의 파르테논 신전, 밀로의 〈비너스〉, 레오나르도 다빈치의 〈모나리자〉. 이들 작품의 공통점은 무엇일까? 바로 황금비율에 가깝다는 것이다.

황금비율은 기원전 300년경 수학자 유클리드가 발견했다. 긴 선분의 길이(a)를 전체 선분의 길이(a+b)로 나눈 값과 짧은 선분의 길이(b)를 긴 선분의 길이(a)로 나눈 값이 같은 비율을 말한다. b가 1일 경우 a는 1.618(근사값)이 되는데, 이때 a값을 황금비율이라고 한다.

$$\frac{a+b}{a}, \frac{a}{b} = \text{약 } 1.618$$

수학자 피보나치가 발견한 토끼의 번식에서도 황금비율을 찾을 수 있다. 피보나치가 던진 질문은 다음과 같다.

토끼 한 쌍이 두 달 후부터 매달 토끼를 한 쌍씩 낳는다고 가정한다면 1년 후에 얼마나 많은 쌍의 토끼가 번식할 것인가?

토끼의 번식 결과로 매달 태어나는 쌍의 수는 다음과 같다.

1, 1, 2, 3, 5, 8, 13, 21, 34, 55, 89, 144, 233, 377……

피보나치 수열로 불리는 이 숫자의 배열에는 앞의 숫자 둘을 더하면 그 다음 숫자가 되는 특별한 법칙이 성립한다. 그리고 다음 숫자를 앞의 숫자로 나누면 그 값이 점점 황금비율에 가까워진다. 예를 들어 377을 233으로 나누면 1.618에 가까운 숫자가 된다. 이러한 놀라운 결과로 인해 1 대 1.618의 비율은 절대적이면서 상대적이고 신성한 황금비율로 불린다.

파르테논 신전, 〈비너스〉, 〈모나리자〉는 워낙 완벽한 작품에 가깝다 보니 그간 이들을 제작할 때 황금비율을 사용했을 거라는 주장이 제기되어 왔다. 그러나 파르테논 신전의 가로세로 비율, 〈비너스〉의 다리에서 배꼽까지의 길이와 배꼽에서 머리끝까지의 비율, 〈모나리자〉의 전반적인 비율이 모두 황금비율과 정확하게 일치하지는 않는다. 다만, 사람들이 황금비율의 아름다움에 취해 완벽한 작품일수록 황금비율에 가까울 것이라고 믿을 뿐이다.

회계에도 황금비율이 있을까? 앞서 살펴본 각종 비율을 기준으로 생각해 보면 유동비율 200% 이상, 부채비율 100% 이하, ROE 20% 이상, ROA 10% 이상이면 황금비율을 가진 회사라고 인정해도 무방할 것이다.

기업의 성과는
회계로 측정한다

손익은 반드시 따져야 한다
손익계산서

61

손(損)괘 다음에 익(益)괘가 온다.
— 이건표,《주역 64괘 해제》중에서

사람들은 항상 손익을 따진다. 자신에게 손해가 되는 것은 싫어하고, 이익이 되는 것은 좋아하는 이기적인 마음에 기초하여 행동한다. 그렇기에 공짜 점심은 없다. 하지만 인간의 행동이 늘 합리적이고 경제적이며 이기적인 것은 아니라는 사실이 다음 실험을 통해 밝혀졌다.

> A와 B에게 만원을 나눠 가지게 하고, A가 만원을 어떻게 나눌지 제안하도록 한다. B가 A의 제안을 받아들이면 둘은 만원을 나눠 가질 수 있지만, A의 제안을 거절할 경우 둘 다 돈을 가질 수 없다. 이 경우 A는 B에게 얼마를 나눠주겠다고 제안해야 할까? B는 A의 제안을 받아들여야 할까?

A와 B 모두 합리적인 의사결정을 내린다면 A는 1원 혹은 가장 최소금액을 제안해야 하고, B는 0원이 아닌 이상 아무런 위험 없이 대가를 얻게 되므로 A의 제안을 무조건 받아들여야 한다. 이른바 최후통첩 게임으로

알려진 이 실험의 실제 결과는 어땠을까?

그동안 무수히 수행한 이 실험에서 A에 해당하는 사람들은 평균 4,000~5,000원의 금액을 제안했고, 제안 금액이 2,000원에 미달하면 B에 해당하는 사람들은 제안을 거부했다.* 여기서 흥미로운 것은 제안받은 금액이 2,000원 이하로 내려가면 사람들이 이를 거부했다는 점이다. 아무런 부담 없이 공짜로 2,000원이 생기는데도 받지 않은 이유는 무엇일까?

그 이유는 불공평하다고 느꼈기 때문이다. 인간은 불공평에 직면할 경우 아무런 위험 없이 이익을 얻을 수 있음에도 불구하고 손해를 선택한다. 항상 손익을 따지면서 이성적이고 합리적이며 이기적으로 행동할 것 같은데, 손해와 불공평 앞에서는 손해를 감수하는 의사결정을 하기도 하는 것이다.

하지만 기업은 다르다. 최후통첩 게임에서 B가 기업이라면 완전히 다른 결과가 나올 것이다. 영리를 추구하는 기업인 B는 철저하게 '손익을 따져서' 행동하기 때문이다. B의 입장에서는 아무런 위험도 부담하지 않는다면 1원이라도 받는 것이 합리적인 의사결정이다.

이렇듯 기업은 항상 하나하나 철저하게 '손익을 따지면서' 합리적이고 이기적인 방식으로 영리활동을 추구한다. 그리고 매 시점에 이러한 영리활동이 제대로 이루어졌는지도 평가한다. 월, 분기, 반기 또는 연간 단위로 철저하게 '손익을 따져서' 한 활동의 결과로 무엇을 얼마나 팔아 얼마를 벌었고, 무엇을 위해 얼마를 지출했으며, 얼마가 남았는지 확인한다. 이러한 확인을 위해 작성하는 것이 손익계산서다. 손익계산서는 월, 분기,

---

* 최정규(2009).

반기 또는 1년 동안 '영업활동을 통해 손실이 났는지 아니면 이익이 났는지를 계산한 서류'다. 기업의 영업성과를 파악하기 위해 작성하는 서류로서 재무제표 중 하나이기도 하다.

수익 - 비용 = 이익

손익계산서는 다음과 같이 작성하는 것이 일반적이다.

구분	내용
매출액	영업을 통해 판매한 제품의 판매금액
(-) 매출원가	매출에 직접 들어간 비용. 커피를 판매할 경우 커피의 원두, 물, 종이컵 등이 매출원가가 되고, 컴퓨터를 판매할 경우 컴퓨터를 제조하는 데 들어간 비용이 매출원가가 된다.
= 매출총이익	
(-) 판매비와 관리비	영업활동을 위해 지출한 비용. 급여, 복리후생비, 여비교통비, 접대비, 통신비, 임차료, 차량유지비, 광고선전비 등이 이에 해당한다.
= 영업이익(영업손실)	매출총이익에서 판매관리비를 차감한 금액. 양수(+)면 영업이익, 음수(-)면 영업손실이 된다. 영업이익이 생겼다는 것은 영업활동의 결과 수익이 비용보다 많아 이익이 발생했다는 뜻이다.
(+) 영업외수익 (-) 영업외비용	영업외활동에서 발생한 영업외수익은 더하고 영업외비용은 차감한다. 일반기업의 이자수익은 영업외수익, 이자비용은 영업외비용에 해당한다.
= 법인세 차감 전 순이익	
(-) 법인세	기업이 해당 기간에 부담해야 하는 세금
= 당기순이익(당기순손실)	이번 회계기간에 영업활동과 영업외활동을 통틀어 이익이 발생했는지(당기순이익) 아니면 손실이 발생했는지(당기순손실)를 보여준다.

손익계산서를 보면 일정 기간의 수익, 비용, 손익 등 경영성과를 파악할 수 있다. 즉, 손익계산서는 매 행위 시 철저하게 '손익을 따지면서' 움직여 온 기업의 영리활동이 어떠한 결과를 가져왔는지를 한눈에 파악할 수 있게 해주는 서류다.

왜 익손계산서가 아닐까?

손익계산서는 영어로는 Profit and Loss statement(P/L) 또는 Income statement(I/S)라고 한다. 우리도 영어의 표현방식에 따라 '익손계산서'나 '이익계산서'라고 할 수도 있었을 텐데 왜 손실을 앞 세워 손익계산서라고 하는 것일까?

이익보다 손실을 앞세운 것에 대해서는 다양한 견해가 있지만, 그 중 가장 흥미로운 주장은 유교의 삼경 중 하나로 꼽히는 《주역》에 근거한 설명이다. 《주역》의 64괘 순서에서는 손(損)괘 다음에 익(益) 괘가 온다. 괘(卦)란 《주역》에서 인간과 자연의 존재 양상과 변화의 원리를 상징하는 기호다. 64괘 중 손괘와 익괘에 대해 공자는 "덜어 내고 그치지 않으면 반드시 더하게 된다."라고 설명했다. 손실을 다

∧ 주역언해 ⓒ국립중앙박물관

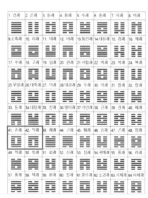

∧ 주역 64괘

214

메우고 나야 비로소 이익이 발생한다는 뜻이다.

군이《주역》에서 의미를 찾지 않더라도 손실을 이익보다 앞세운 것에는 나름대로 이유가 있다. 먼저 재무상태표에서 자산은 부채와 자본의 합이다. 회사를 청산할 때는 부채를 다 갚은 후에야 자본금액을 받을 수 있다. 손익도 마찬가지다. 내 돈(자본)과 남의 돈(부채)으로 사업할 경우 결국 벌어들인 돈(수익)에서 손실(또는 비용)을 다 메운 뒤에야 이익이 발생한다. 그래서 '익손계산서'가 아니라 '손익계산서'라고 부르는 것이다.

62

남해회사 버블사건과 기간손익

천체의 움직임은 계산할 수 있어도
인간의 광기는 측정할 수 없다.
— 아이작 뉴턴

복식부기가 탄생한 13~14세기부터 약 16세기까지 회계에서는 손익계산서를 비정기적으로 작성했다. 정기적으로 손익계산을 하게 된 것은 17세기부터였고 18세기에 와서야 정착되었다. 손익계산서를 정기적으로 작성하게 된 배경에는 남해*회사South Sea Company 버블사건이 큰 영향을 끼쳤다.

남해회사는 영국이 국채를 처리하기 위해 1711년에 만든 회사였다. 당시 영국은 막대한 국채를 발행하여 빚더미에 올라 있었다. 남해회사는 영국 정부의 국채를 인수

^ 남해회사의 모습

---

* 남해란 남아메리가 대륙과 주변 바다를 말한다.

하는 대신 스페인령 남아메리카 대륙에 대한 무역독점권을 받아 스페인과의 무역에서 이윤을 창출하고자 했다. 그러나 1718년 영국과 스페인 간에 전쟁이 발발하자 남해회사의 경영상태는 악화되었다. 그러자 남해회사는 영국 정부의 국채를 인수하는 조건으로 막대한 주식을 발행할 수 있는 권한을 얻어냈다. 이로써 영국 정부의 국채를 남해회사 주식과 무제한으로 교환할 수 있었다.

영국 국채를 가지고 있던 채권자들은 영국 정부와 남해회사의 달콤한 제안에 넘어갔다.

> 당신이 가진 국채 100파운드를 남해회사 주식 100파운드로 바꿔주겠다. 남해회사의 주가는 계속 오를 것이므로 주가가 올랐을 때 팔면 많은 이익을 얻을 수 있을 것이다.

이 말에 사람들은 광분했다. 투자자들이 몰리며 1720년 1월부터 6월 사이에 남해회사 주가는 10배나 뛰어올랐다. 그러나 남해회사의 사업내용이 부실하다는 것이 드러나자마자 버블은 터져버렸다. 주가는 폭락했고, 많은 사람들이 파산했으며 그중 일부는 자살이라는 파국을 맞았다.

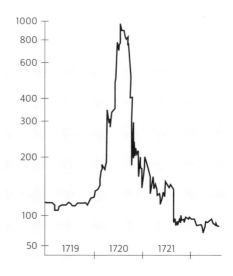

∧ 남해회사의 주가폭락

아이작 뉴턴도 예외는 아니었다. 만유인력의 법칙 등 근대의 과학이론을 정립한 뉴턴은 아인슈타인과 함께 인류 역사상 가장 위대한 물리학자 중 하나로 꼽힌다. 그러나 그 역시 다른 많은 사람들과 마찬가지로 남해회사 주식에 투자했다가 2만 파운드(현재 가치로 약 36억원)에 가까운 거액을 잃고 말았다. 그는 이후 "천체의 움직임은 계산할 수 있어도 인간의 광기는 측정할 수 없다."라고 말하기도 했다.

∧ 아이작 뉴턴(1642~1727)

남해회사 버블사건은 주식회사에 대한 불신으로 이어졌다. 이에 기업과 사업의 신뢰를 회복하기 위해서는 기간별로 정확한 손익계산서를 작성해야 한다는 주장이 대두되었다. 결국 남해회사 버블사건은 정기적인 손익계산서 작성과 보고가 정착되는 계기 역할을 했다.

현재 모든 기업은 기간별로 손익계산서를 작성한다. 기업이 영구히 존재한다고 할 때 기업의 경영성과를 평가하려면 일정한 기간별로 나누어 손익을 계산할 수밖에 없다. 손익계산서는 보통 1년 단위로 작성하는 것이 일반적이지만 3개월, 6개월 단위로 작성하기도 한다.

부정, 사기, 광기를 심판하기 위해
탄생한 회계감사

남해회사는 버블이 붕괴하며 공중분해되었다. 남은 것은 광기가 불러온 참사를 심판하는 일뿐이었다. 남해회사 버블사건을 수습하고 책임을 규명하는 과정에서 찰스 스넬은 남해회사와 관련 있는 브리지 상회의 장부를 조사한 후 그 결과를 담은 〈브리지 상회의 장부에 대한 소견보고서〉를 영국 의회에 제출했다.

∧ 에드워드 매튜 워드, 〈남해회사 버블사건〉

이 소견보고서는 최초의 회계감사 보고서로 평가된다. 특히 이후부터 공정한 제3자가 기업회계를 독립적으로 감사할 필요성을 제기했다는 점에서 큰 의의가 있다.

회계감사는 감사인이 공정한 제3자의 시각에서 기업의 회계처리가 적정하게 이루어졌는지 감사한 후 의견을 제출하는 것을 말한다. 영어로는 audit이라고 하는데, '청취'라는 뜻의 라틴어 audito에서 유래했다. 최초의 회계감사가 왕이나 군주가 감사 결과를 청취하는 방식으로 이루어졌음을 짐작할 수 있다.

우리나라에서는 직전 사업연도 말 자산, 부채, 종업원 수 또는 매출액 등을 고려하여 일정한 요건을 충족하는 주식회사 또는 유한회사의 경우 재무제표를 작성하여 독립적인 외부감사인에게 회계감사를 받아야 한다.

회계감사 제도는 기업들의 회계부정을 저지하고, 부실기업의 사기행각을 처벌하며, 눈먼 투자자들의 광기를 잠재우는 제도적 장치로서 자본주의 시장경제 질서를 유지하는 기능을 한다.

63

철도의 발명으로 시작된
발생주의 회계

조화를 이룰 수 있는 곳에서는 경쟁하지 않는다.
— 조지 스티븐슨, 영국 발명가

1825년 9월 27일은 세계 최초로 증기기관차가 출현한 날이다. 이날 영국의 조지 스티븐슨은 직접 제작한 화물 전용 증기기관차 로코모선호에 석탄과 밀가루 80톤을 싣고 약 40km 구간을 달림으로써 바야흐로 철도의 시대가 도래했음을 세상에 알렸다. 승객과 화물을 같이 실어 나르는 철도는 1830년 9월 15일에 운행을 개시했다. 이후 철도가 주요 교통수단이 되

^ 조지 스티븐슨(1781~1848)

^ 영국 스톡턴-달링턴 구간을 달린 세계 최초의 증기기관차 로코모선호, 1825

면서 많은 철도회사들이 생겨났다.

철도회사가 생겨나면서 회계에도 큰 변화가 생겼다. '현금주의 회계'에서 '발생주의 회계'로 전환이 이루어진 것이다. 과거 상업무역 중심 경제에서는 싸게 사서 비싸게 팔면 되었다. 따라서 현금이 들어올 때 수익을 인식하고, 현금이 지출될 때 비용을 반영하더라도 크게 문제가 없었다. 그러나 산업혁명이 시작되면서 '현금주의 회계'는 난관에 봉착했다. '현금주의 회계'의 문제는 무엇이었을까?

철도회사는 철도의 선로를 개설하고 기관차를 구입하기 위해 초기에 엄청나게 많은 비용을 지출해야 한다. 반면에 철도 운영의 수익은 수십 년에 걸쳐 나온다. 이렇듯 수익과 비용이 불균형한 상황에서 '현금주의 회계'를 적용하면 철도회사는 망하고 만다. 철도부설비용과 기관차구입비용을 모두 현금 지출 시점에 비용으로 처리하면 초창기부터 엄청난 적자를 안게 되고, 십수 년이 지난 뒤에야 겨우 이익이 발생하는 상황에 직면하게 되기 때문이다.

이러한 문제를 해결하기 위해 등장한 것이 바로 '발생주의 회계'다. '발생주의 회계'에서는 현금의 수입과 지출 여부에 관계없이 수익은 실현되었을 때 인식하고, 비용은 수익비용대응 원칙에 따라 인식한다.

현금주의와 발생주의는 어떻게 구분할까? 현금주의란 말 그대로 현금을 받았거나 지출했을 때 수익 또는 비용으로 인식한다. 외상거래는 수익이나 비용으로 인식하지 않는다. 반면에 발생주의에서는 수익이 실현되었을 때 비로소 인식한다. 수익이 실현되었다는 것은 수익을 인식할 만큼 상황이 무르익었다는 뜻이다. 상품을 판매하여 받을 돈이 생긴 경우 비록 외상거래라 하더라도 수익이 실현된 것으로 볼 수 있다.

비용은 수익비용대응의 원칙에 따라 처리한다. 수익비용대응의 원칙이란 비용을 수익에 대응하여 인식하는 것을 말한다. 만약 어떤 비용의 지출이 여러 해에 걸쳐 수익을 얻는 데 기여할 경우, 해당 비용 역시 즉시 비용으로 처리하지 않고 수익의 인식기간에 대응하여 여러 해에 걸쳐 나누어 비용으로 인식해야 한다.

현금주의 vs 발생주의

구분	현금주의 회계	발생주의 회계
수익 인식	현금 입금	수익이 실현되었을 때 인식. 외상매출도 판매한 시점에 수익이 실현된 것으로 보아 수익으로 인식
비용 인식	현금 지출	수익비용대응의 원칙에 따라 인식. 수익의 인식기간에 대응하여 인식

이와 같이 '발생주의 회계'를 적용할 경우 철도회사들은 철도부설비용과 기관차구입비용을 현금지출 시점에 곧바로 비용으로 처리하지 않고 수익비용대응의 원칙에 따라 처리할 수 있다. 철도의 수익은 여러 해에 걸쳐 들어오기 때문에 철도부설비용과 기관차구입비용 역시 수익의 인식기간에 따라 나누어 비용으로 처리할 수 있는 것이다. '발생주의 회계'를 적용한 덕분에 철도회사들은 철도부설비용과 기관차구입비용을 지출 시점에 전액 비용으로 처리하지 않아도 되었고, 덕분에 초창기부터 엄청난 적자가 발생하는 상황을 막을 수 있었다.

오늘날 기업들은 모두 '발생주의 회계'에 따라 손익계산서를 작성한다. 수익은 실현되었을 때, 비용은 수익비용대응의 원칙에 따라 인식하는 것이 손익계산서 작성의 원칙이다.

64

나폴레옹의 외상 커피

수익실현주의

나에게 진 많은 빚은 갚지 않아도 되네.
그 대신 커피로 주게나.
― 보나파르트 나폴레옹

나폴레옹은 커피애호가였다. 아이러니한 것은 나폴레옹이 사랑한 커피가 그를 파멸로 이끄는 데 일조했다는 것이다. 나폴레옹이 영국을 굴복시키기 위해 영국 선박의 대륙 내 입항을 금지하는 대륙봉쇄령을 내렸을 때 가장 문제가 된 것은 설탕과 커피였다. 나폴레옹은 프랑스 현지에서 설탕을 생산하는 데 성공했지만, 커피의 온전한 대용품을 찾는 데는 실패했

∧ 나폴레옹이 즐겨 마신 커피 카페 로얄
(cafe royal)

∧ 아돌프 노르텐, 《러시아에서 철수하는 나폴레옹》, 19세기

다. 유럽 전역이 커피 부족에 시달리면서 사람들의 불만은 쌓여갔고 암암리에 밀무역이 성행했다. 이에 대륙봉쇄령을 어긴 러시아를 응징하기 위해 떠난 러시아원정이 실패하면서 나폴레옹은 몰락하게 된다.

프랑스 파리에 있는 르 프로코프Le Procope는 1686년에 문을 연 프랑스 최초의 카페다. 나폴레옹의 단골 카페로 유명하다. 나폴레옹은 르 프로코프에서 외상 커피를 자주 마셨고, 외상값으로 모자를 두고 갔다고 한다.

△ 카페 르 프로코프(Le Procope)

△ 나폴레옹이 커피 값으로 두고 간 모자

당시 거래는 대부분 현금으로 이루어졌지만, 나폴레옹은 단골이었기 때문에 외상거래가 가능했다. 나중에 상대가 커피 값을 갚을 것이라는 믿음이 없다면 외상거래는 불가능하다. 나폴레옹의 신용이 확실했기 때문에 르 프로코프는 그에게 외상 커피를 제공했다.

르 프로코프가 나폴레옹에게 외상으로 판 커피는 어떻게 회계처리를 해야 할까? 르 프로코프가 현금주의 회계에 기초하여 회계처리를 한다면, 아직 현금이 들어오지 않았기 때문에 매출을 인식할 수 없다. 그러나 발생주의 회계에서는 매출을 인식할 수 있다. 수익을 '실현되었을 때' 인식하기 때문이다. 회계에서 수익이 실현되었다는 것은 '수익창출을 위해 대부분 노력했고, 제품이나 상품을 고객에게 제공하여 그 대가를 받을 권리가 유효하게 발생한 상태가 되었다'는 것을 의미한다.

나폴레옹이 커피를 주문하고, 르 프로코프가 나폴레옹에게 커피를 제공하여(수익창출을 위한 노력), 커피를 문제없이 받아 가면(대가를 받을 권리 발생) 수익이 실현된 것으로 본다. 비록 나폴레옹이 현금을 지급하지는 않았지만, 르 프로코프는 '커피매출'이라는 수익을 인식하고 외상매출금이라는 자산을 장부에 기록할 수 있다. 이와 같이 수익이 실현되었을 때 회계처리를 하는 것을 수익실현주의라고 한다.

최근 경매에서 낙찰된 나폴레옹의 모자가 한화로 26억원 상당이었다고 하니, 르 프로코프가 외상으로 커피를 주고 그 값으로 나폴레옹에게 모자를 받은 것은 실로 엄청나게 남는 장사였다고 할 수 있다.

65

바늘 가는 데 실 간다
수익비용대응의 원칙

이집트인은 빵을 먹는 사람이었다.
— 헤로도토스, 그리스 역사가

기원전 12세기경 이집트 사람들이 길거리에서 빵을 사먹었다는 기록이 남아있는 것을 볼 때, 빵집의 역사는 이집트에서 시작된 것으로 보인다. 빵은 참 손이 많이 가는 음식이다. 빵집을 운영한다면 정확한 계량과 함께 전문 기구를 사용해야 하고, 수많은 경쟁 빵집 중에서 눈에 띄기 위해 특이한 메뉴 개발과 홍보가 필요하다. 만약 당신이 빵집을 오픈한다고 가정해 보자. 빵집 운영에 따른 회계는 어떻게 처리해야 할까?

빵집의 회계에도 역시 발생주의 회계가 적용된다. 먼저 빵을 팔아서 얻는 수익은 수익실현주의에 따라 회계처리를 하면 된다. 외상으로 빵을 팔았더라도 수익으로 처리해야 한다. 그렇다면 비용은 언제 어떻게 인식해야 할까? 빵을 만드는 데 들어간 비용은 '수익비용대응의 원칙'에 따라 처리한다. 수익비용대응의 원칙이란 수익과의 관계에 따라 수익에 대응하여 비용을 인식하는 것을 의미하며, 다음과 같이 세 가지로 구분하여 회계처리 하는 것을 말한다.

① 수익을 얻는 데 직접 대응하는 경우
매출원가와 같이 수익을 얻는 데 직접 기여한 비용은 수익을 인식할 때 함께 인식해야 한다.

② 일정 기간에 걸쳐 수익창출에 기여한 경우
해당 기간에 안분하여 비용으로 인식한다.

③ 즉시 비용으로 인식하는 경우
기타 비용은 발생 즉시 비용으로 처리한다.

빵을 만드는 데 들어간 원재료, 오븐구입비 그리고 빵집 광고를 위한 팸플릿 제작비를 예로 들어보자. 원재료는 빵을 만들어 파는 데 직접 대응하는 비용이다. 따라서 원재료 구입에 100만원을 사용하여 빵을 만든 후 이 중 50%를 팔아 수익이 생겼다고 한다면, 원재료 구입비용 중 50%인 50만원은 수익에 대응하여 빵을 판매할 때 비용으로 처리해야 한다. 이 비용은 빵의 매출원가가 된다.

오븐구입비는 몇 년에 걸쳐 계속 빵을 만드는 데 기여하는 유형자산이기 때문에 해당 사용기간에 안분하여 비용으로 처리해야 한다. 오븐구입비는 감가상각 과정을 거쳐 감가상각비로 처리한다.

빵집 광고를 위한 팸플릿 제작비는 빵의 매출원가에 해당하지 않고 감가상각 과정을 거치지도 않는다. 이런 비용은 발생하는 즉시 비용으로 처리한다. 이와 같이 비용을 수익에 대응하여 처리하는 것을 '수익비용대응의 원칙'이라고 한다.

매출에누리

유태인은 모든 자료를 총동원해
그 제품을 비싸게 파는 것이 왜 정당한지 설명하려 든다.
— 후지다 덴, 《유태인의 상술》 중에서

남대문 근처에는 남대문시장과 신세계백화점이 있다. 사람들이 신세
계백화점에 들렀을 때와 남대문시장에 갔을 때 하는 행동은 다르다. 신세
계백화점에서는 100만원짜리 상품을 사도 깎으려고 들지 않는다. 하지만
남대문시장에 가면 만원짜리 물건을 사더라도 에누리해 달라고 한다. 이
렇게 할인이 없는 백화점 시스템을 처음 만든 것은 유대인이다. 그들은 에
누리를 하지 않는 대신 그 가격이 왜 정당한지 설명하면서 소비자를 설득
한다. 유대인의 이러한 전략은 주효했다. 사람들은 여전히 백화점에서는

∧ 남대문시장

∧ 신세계백화점

할인해 달라고 하지 않는다.

시장에서 흥정하는 모습은 다르다. 단돈 몇천원이라도 깎으려고 상인과 흥정하는 모습이 낯설지 않다. 오히려 시장은 에누리하는 즐거움을 안겨주는 장소로 각인되어 있기도 하다. 특히 사람들은 시장에서 파는 물건의 경우 에누리를 고려하여 가격을 조금 높게 책정했을 거라고 생각하기 때문에 흥정을 시도하는 경향이 있다.

이렇듯 물건을 사고팔 때 가격을 깎는 것을 에누리라고 한다. 얼핏 생각하기에 일본어같아 보이지만 순수한 우리말이다. 원래 에누리란 가격을 깎는 것과 올리는 것을 모두 칭하는 용어였던 것으로 보이나, 지금은 가격을 깎는 의미로 통용된다.

회계에서는 물건 값을 깎아 주는 경우를 두 가지로 구분한다. 먼저 물건을 팔 때 거래조건에 따라 가격을 깎아주거나 물건의 파손, 불량 등으로 인해 일부 가격을 할인해 주는 것을 매출에누리라고 한다. 그리고 물건을 정상적으로 판매했으나 외상일 경우, 고객이 외상대금을 기일보다 일찍 지급하면 외상대금의 일부를 깎아주는 것을 매출할인이라고 한다. 회계에서는 매출에누리와 매출할인 금액을 모두 매출액에서 직접 차감한다. 즉, 상인들이 만원짜리 물건을 팔면서 1,000원을 매출에누리 또는 매출할인해 주었을 경우 매출액으로 인식하는 금액은 9,000원이다.

| 매입에누리와 매입할인 |

아리송한 회계용어

매출에누리와 매출할인이 판매하는 상인 입장에서 인식하는 것이라면, 매입에누리와 매입할인은 고객 입장에서 하는 회계처리라고 볼 수 있다. 매입에누리는 거래조건 또는 불량 등으로 인해 가격을 할인 받는 것이고, 매입할인은 외상매입 후 대금을 조기에 지급하여 일부 금액을 할인 받는 것을 말한다. 매입에누리와 매입할인 모두 취득원가에서 차감한다.

스미스소니언 철새센터에서 벌어진 커피논쟁
원가

천 번의 키스보다 더 감미롭고
머스캣 와인보다 더 달콤하다.
— 요한 세바스티안 바흐, 《커피칸타타》 중에서

1996년 9월 스미스소니언 철새센터에서 자연보호전문가들이 커피 재
배업자, 수입업자, 수출업자, 로스팅업자, 소매업자들과 함께 커피의 지속
가능성에 대해 토론하는 회의Congress를 열었다. 커피의 성장을 돕기 위해
심은 그늘막나무가 새들에게 좋은 서식지를 제공하자, 새들과의 공존을
위해 그늘막나무가 있는 곳에서 자란 커피에 대한 인증제도를 만들자는
것이 주된 논의였다.

∧ 그늘막나무 아래에서 자라는 커피

∧ 스미스소니언 버드프렌들리 인증마크

그런데 회의 도중 어느 커피 재배업자가 갑자기 이렇게 물었다.

> "커피 재배업자인 우리는 파운드당 1달러밖에 못 받는데 판매
> 업자는 10달러나 받고 커피를 판매하니 너무 불공평한 것 아닌
> 가요?"

참석자들은 웅성거렸지만 당시 회의에 참석한 그 누구도 이에 대한 대답을 제대로 하지 못했다.

2011년 3월 우리나라에서도 비슷한 질문이 나왔다. 관세청이 커피전문점에서 파는 원두 10g(커피 한 잔 분량)의 수입원가가 123원이라고 발표하면서부터였다. 커피의 원가는 123원에 불과한데 도대체 왜 커피전문점에서는 30배나 비싼 3,000~4,000원에 아메리카노를 파는가? 이 질문은 전 국민의 공분을 사기에 충분했다.

그러나 대답을 듣고 나면 얘기는 달라진다. 커피의 원가가 원두만으로 구성되는 것은 아니기 때문이다. 원가란 무엇일까? 원가란 판매한 제품을 만드는 데 들어간 비용을 말한다. 원가는 보통 제품 제조에 들어간 재료비, 인건비, 기타경비 등으로 구성된다. 커피의 원가에는 원두와 같은 원재료 외에도 종이컵, 뚜껑, 빨대, 홀더와 같은 부자재도 포함되고, 직원들 인건비도 포함되며, 커피머신의 감가상각비 등도 포함된다. 커피를 100잔 만들어 팔았을 때 커피 100잔을 만드는 데 들어간 모든 비용이 바로 원가다.

커피 1잔당 원가는 얼마일까? 스타벅스코리아의 2017년 손익계산서를 살펴보자. 금융감독원 공시자료에 의하면 스타벅스코리아의 2017년 매출액 및 매출원가 중에서 제품매출액은 약 9,810억원이고, 제품의 제조

에 들어간 매출원가는 약 4,058억원이다. 매출액 대비 매출원가의 비중이 41%를 넘는다.

2017년 스타벅스코리아 매출액 및 매출원가

당기 및 전기 중 매출액 매출원가의 세부 내역은 다음과 같습니다.

(단위: 천원)

구분	항목	당기	전기
매출액	제품매출액	981,059,939	774,342,197
	상품매출액	282,400,308	228,472,121
합계		1,263,460,247	1,002,814,318
매출원가	제품매출원가	405,807,067	319,086,962
	상품매출원가	156,826,690	125,731,996
합계		562,633,757	444,818,958

커피의 원두 가격은 123원에 불과한데 스타벅스의 원가가 이렇게 높은 이유는 무엇일까?

스타벅스의 매출원가 중 원재료 값은 1,960억원 정도이므로 매출액 대비 원재료의 비중은 20% 정도에 불과하다. 그러나 원재료 외에 제품 제조에 들어간 인건비와 감가상각비 등도 원가에 들어간다. 결국 스타벅스의 아메리카노 한 잔이 4,100원이라고 할 때 원가는 대략 1,700원 정도 된다고 보면 적당할 것이다.

커피전문점마다 원재료, 인건비, 감가상각비 등이 다르므로 커피의 원가는 다양할 수 있다. 그러나 적어도 커피의 원가가 원두 가격인 123원과 일치하지 않는다는 것은 알아야 한다. 그래야만 커피 가격에 대해 불필요한 오해를 하지 않을 수 있다.

커피가 영양가 높은 음식보다 비싸도 될까? 이 질문에 답하기는 어렵다. 그러나 확실한 것은 에티오피아에서 발견된 커피가 세상에 알려진 이후 500년이 넘는 세월 동안 커피는 단순한 마실 거리 이상의 역할을 해왔다는 사실이다. 커피는 기운을 북돋워주고, 술독에 빠져 있던 사람들의 정신을 깨우는 데 공헌했다. 커피전문점은 다양한 사람들이 모여 교류하는 공간이 되었고, 이 때문에 예전에는 커피하우스가 지혜의 학교로 불렸다. 지금도 커피전문점은 휴식의 장소인 동시에 지적인 대화를 나누고, 정보를 공유하며, 만남을 갖는 공간 역할을 한다.

이제 커피의 원가를 알게 되었다. 단순히 적정한 가격의 커피를 마시고 싶다면 가격이 저렴한 테이크아웃점을 이용하고, 수백 년 동안 그래왔듯이 커피전문점이 제공하는 교류, 대화, 휴식이라는 가치를 함께 사고 싶다면 조금 더 비싼 값을 내고 대형 커피전문점을 이용하면 된다. 그러면 커피의 원가에 대해 좀 더 너그러워질 수 있지 않을까?

판매관리비

기획, 개발, 생산과 달리 영업은 회사 밖에서 일어나는 일이다.
따라서 관리를 소홀히 하면 CEO는 숫자밖에 알지 못한다.
— 다키자키 다케미쓰, 키엔스 회장

키엔스ｷｰｴﾝｽ, Keyence는 일본 오사카에 본사를 두고 공장자동화를 위
한 자동제어장치, 정보기기, 현미경 등을 개발 및 제조하는 제조업체다.
소니, 닌텐도, 캐논 등 다른 전자업체에 비하면 우리에게 크게 친숙하지
않지만, 키엔스는 시가총액이 70조원이 넘는 대형 상장회사로 2018년도
기준 매출액은 5,268억엔(한화 약 6조 5,900억원), 영업이익은 무려 2,929억엔
(한화 약 3조 1,648억원)에 달한다. 매출액 대
비 영업이익 비율이 무려 55%를 넘는
다. 100원을 판매하면 55원이 남는다
는 뜻이다. 전 세계 상장 제조업체 중 영
업이익률이 50%를 넘는 회사는 대만의
카메라 렌즈 제조업체인 라간정밀Largan
Precision과 일본의 키엔스뿐이다.

2017년 우리나라 제조업체들의 평
균 영업이익률이 5~6%에 불과한 것을

∧ 오사카에 있는 키엔스 본사

고려할 때 제조업체가 50%를 넘는 영업이익을 달성한다는 것은 마치 허황된 꿈처럼 들린다. 키엔스는 어떻게 이런 놀라운 성과를 이룬 것일까?

키엔스는 고객이 알지 못하는 니즈를 파악하여 경쟁업체보다 6개월에서 1년가량 먼저 신제품을 출시하는 전략을 구사했고, 이는 주효했다. 판매관리비가 거의 없다는 점 또한 높은 영업이익률을 달성할 수 있는 이유 중 하나다. 판매관리비는 '영업활동 관련 비용 중 매출원가에 해당하지 않는 비용'을 말한다.

영업비용 중 매출에 직접 대응하는 원가 → **매출원가**
영업비용 중 매출원가 외의 비용 → **판매관리비**

매출총이익 대비 판매관리비의 비율이 30% 이하일 경우 매우 훌륭한 회사다. 키엔스는 이 비율이 29% 수준이다. 키엔스는 기업간거래B2B가 많아 광고비를 집행하지 않으며, 영업담당자가 거래처에 직접 판매하기 때문에 판매대리점 관련 비용도 거의 발생하지 않는다.

더욱 중요한 것은 '팹리스Fabless경영(무공장경영)'을 통해 자체 기계장치나 설비를 두지 않고 협력업체를 이용한다는 점이다. 불필요한 판매관리비를 만들어내지 않고, 최소한의 설비와 인원으로 최대의 생산성을 추구하는 것이다. 제조업이면서도 기계장치가 없고, 물건이 아닌 '문제해결 아이디어'를 판매하는 것이 바로 키엔스가 높은 실적을 내는 이유다.

모든 연구가 나일론처럼 성공하지는 않는다
연구개발비

공기와 석탄과 물에서 만들어내며,
강철보다 강하다.
— 듀폰사의 나일론 광고

나일론은 '기적의 섬유'로 불린다. 듀폰Dupont사의 월리스 캐러더스 박
사와 연구팀은 합성고무를 연구하던 중 한 플라스틱 섬유가 아무리 당겨
도 끊어지지 않는다는 것을 알아냈다. 이 특이한 섬유를 계속 연구한 결과
캐러더스 연구팀은 마침내 1935년 나일론을 만들어냈다. 나일론은 1939
년 뉴욕 세계박람회에서 첫선을 보인 뒤 1940년 여성용 스타킹으로 시판

∧ 스타킹을 사기 위해 줄을 선 모습, 1940

∧ 스타킹을 신고 있는 여성

되었다. 나일론 스타킹은 판매 첫날 400만 켤레나 팔려나가는 경이적인 기록을 세우며 선풍적인 인기를 끌었다.

나일론의 발명은 20세기 섬유혁명을 불러왔으며 나일론은 양말, 의류, 낙하산, 밧줄, 전선피복, 타이어 등 생활 전반에 사용되는 필수 소재로 자리 잡았다.

듀폰사의 나일론 발명은 기초과학 연구를 통해 새로운 제품을 탄생시킨 대표적 사례로 꼽힌다. 듀폰사는 나일론을 발명하기 위해 무려 2,700만 달러를 투자했지만[*], 나일론의 발명으로 벌어들인 수입을 생각하면 충분한 투자가치가 있었던 것으로 보인다.

듀폰사는 나일론을 발명하기 위해 연구개발비로 투자한 2,700만 달러를 어떻게 회계처리 해야 할까? 연구개발비를 처리하는 방법은 크게 두 가지다. 미래 현금 유입에 기여할 것 같으면 '무형자산'으로, 기여할 것이 확실하지 않으면 '비용'으로 처리한다. 미래에 돈을 벌어들이는 데 기여할 것 같은지를 어떻게 판단할까?

연구개발비를 '무형자산'으로 인식하기 위해서는 해당 무형자산이 식별 가능하고, 기업이 통제하고 있으며, 미래에 경제적 효익을 가져다줄 수 있어야 한다. 나일론 개발에 들어간 비용이 이 모든 요건을 충족한다면 무형자산으로 인식할 수 있지만 그렇지 않을 경우 비용으로 처리해야 한다.

연구개발비 회계와 관련하여 논란이 많은 분야는 제약·바이오 산업이다. 실패할 확률이 높아 미래 현금 유입에 기여할 가능성이 낮은 개발비용은 무형자산으로 회계처리를 할 수 없다. 특히 신약 개발의 성공확률은 매

---

* 　중국 CCTV 다큐멘터리 제작팀(2014).

우 낮기 때문에 신약 개발 초기 연구개발비를 자산으로 인식할 가능성이 있다고 보았다가 나중에 연구개발에 실패하면, 그동안 자산으로 잡았던 누적 금액이 한꺼번에 비용으로 처리되어 대규모 손실이 발생하는 문제가 생길 수도 있다. 따라서 제약·바이오 사업에 투자할 때는 연구개발비의 회계처리를 눈여겨볼 필요가 있다. 모든 연구가 나일론처럼 항상 성공하지는 않기 때문이다.

영업손실

전쟁은 누가 옳고 그르냐를 가리지 않는다.
누가 살아남느냐를 가릴 뿐이다.
— 버트런드 러셀, 영국 철학자

전자상거래* 시장의 성장세가 눈부시다. IT 기술의 발달과 스마트폰의 확산으로 오프라인 시장과 온라인 시장의 경계가 허물어졌기 때문이다.

시장이나 백화점 등에서 물건을 사던 사람들이 온라인 시장으로 옮겨가는 데는 그렇게 오랜 시간이 걸리지 않았다. 2014년만 해도 45조원 정도였던 전자상거래 시장은 2017년에는 100조원 규모를 돌파했다. 지금은 온라인에서 팔지 않는 물건을 찾기 어려울 정도다. 3년 동안 전자상거래 시장은 2배 이상 커져왔다.

그렇다면 주요 전자상거래 업체인 위메프, 쿠팡, 티몬도 2배 이상 이익을 냈을까? 막상 뚜껑을 열어보면 유통업체들 간의 영토전쟁이 얼마나 치열한지 잘 알 수 있다. 3년 동

---

* 전자상거래(e커머스, electronic commerce)는 인터넷 웹사이트상에 구축한 가상의 상점을 통해 제품과 서비스를 사고파는 것을 말한다.

안 3개 회사의 매출규모는 2배에서 7배까지 성장했지만, 영업활동의 결과
는 손실의 증가로 이어졌다. 이는 곧 물건은 많이 팔았지만 파는 족족 손
해가 발생했다는 뜻이다.

온라인 전자상거래 업체 3사 매출 및 영업손실 변화

구분	쿠팡		위메프		티몬	
	매출	영업손실	매출	영업손실	매출	영업손실
2014년	3,485억원	1,215억원	1,258억원	290억원	1,575억원	246억원
2017년	2조 6,846억원	6,388억원	4,731억원	417억원	3,572억원	1,153억원

출처: 금융감독원 전자공시시스템

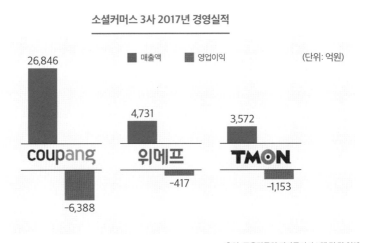

소셜커머스 3사 2017년 경영실적

영업손실은 영업이익의 반대말이다. 영업이익이란 영업활동으로 흑자
가 발생했다는 의미이고, 영업손실은 영업활동으로 적자가 생겼다는 뜻이
다. 물건을 100원에 판다고 할 때, 물건의 원가와 판매관리비를 합한 영업
비용이 100원보다 적으면 영업이익이 발생하고 100원을 넘으면 영업손

실이 발생한다. 영업손실이 발생했다는 것은 물건을 팔고 서비스를 제공했지만 손해가 발생했다는 뜻이다.

온라인 전자상거래업체인 위메프, 쿠팡, 티몬은 3년 동안 자신의 영토를 수호하기 위해 혹은 남의 영토를 빼앗기 위해 피를 흘리면서 싸워왔다. 이들이 영토전쟁을 위해 도입한 무기는 각종 할인판매, 유명 연예인을 이용한 경쟁적 광고, 판매촉진을 위한 수수료 지급 등이었다. 시장을 사수하기 위해 지출할 수밖에 없는 이들 비용으로 인해 물건을 팔면 팔수록 손해만 쌓인 것이다.

온라인 시장을 놓고 벌인 서로 물고 뜯는 전쟁의 결과는 영업손실이라는 상처뿐인 결말이었다. 100조원 시장을 두고 벌이는 유통 공룡들의 전쟁은 여전히 현재진행형이다.

영업이익률

아리송한 회계용어

영업이익을 매출액으로 나눈 비율을 영업이익률이라고 한다. 물건을 100원에 팔았을 때 매출원가와 판매관리비의 합계액이 90원이면 영업이익은 10원이다. 이때 영업이익률은 10%다. 영업이익률은 높을수록 좋다. 같은 물건을 팔아도 더 많은 이익을 남길 수 있기 때문이다. 전설적인 투자자 존 템플턴과 피터 린치는 회사의 영업이익률이 10%는 넘어야 투자할 만하다고 보았다.

71

이자는 죄가 없다

화폐란 교환하기 위해 사용하는 것이지,

이자를 불리기 위해서 사용하는 것이 아니다.

— 홍익희, 《유대인 이야기》 중에서

이자는 위험을 감수하는 것과 시간을 사용하는 것에 대한 대가다. 돈을 빌려줄 때는 상대방이 갚지 못할 위험(신용위험)을 감수해야 하고, 돈을 돌려 받을 때까지는 그 돈을 사용하지 못하는 손실(기회비용)이 발생한다. 이자는 이에 대한 대가로 볼 수 있다. 인류 역사에 신용거래가 도입되면서 이자 또한 자연스럽게 정착되었다. 농경시대에는 봄에 곡식이나 종자를 빌리면 가을에 추수하여 빌린 것에 곡식을 조금 더 보태서 갚았다. 인류 최초의 문명인 수메르시대에 보리의 대출이자는 보통 연 33.33%, 은의 대출이자는 연 20%였다. 함무라비 법전에서도 이자율을 명시하고 있다.

문제는 높은 이자(고리)를 받을 때 발생한다. 함무라비 법전에서도 고리의 문제점을 인식하여 20% 이상 이자를 받을 경우 원금을 상실하는 처벌을 내렸다. 고리대금업을 넘어 이자 자체를 죄악시하는 경향도 있었다. 중세 기독교에서는 시간을 신의 것으로 생각했다. 그래서 시간의 사용가치에 돈을 매기는 대부업에 대해 적극적으로 나서지 않았고 고리대금업을 경멸했다. 반면에 이자를 받는 것에 상대적으로 유연했던 유대인들은 고리대금업으로 많은 돈을 벌었다. 역사적으로 금융거래로 부자가 된 사람들 중에 유대인이 많은 이유도 여기에서 찾을 수 있다. 14세기 르네상스 시대에 들어서면서 은행이 탄생했고, 지금과 비슷한 예금과 대출 제도를 운영하기 시작하면서 이자를 죄악시 하는 풍토는 점차 사라졌다. 그러나 이슬람 율법에서는 여전히 이자를 주고받는 거래를 금지한다.

높은 이자를 받는 것에 대한 경멸은 문학 작품에도 많이 등장한다. 러시아의 문호 도스토옙스키는 소설《죄와 벌》에서 고리대금업자를 '가난한 사람의 피를 빨아먹는 사람'으로 묘사했고, 이탈리아의 시인 단테는《신곡》에서

ᄉ 귀스타브 도레,《신곡》에서 제7지옥의 모래밭 위에서 불비를 맞는 고리대금업자들

고리대금업자는 제7지옥에 떨어져 모래밭에서 불비를 맞는 형벌을 받는다고 표현했다.

회계에서는 이자를 어떻게 처리할까? 이자에 대한 회계처리는 이자를 받는 것이 영업활동인지 아닌지에 따라 달라진다. 은행이나 대부업체와 같이 이자를 받는 것이 주된 영업활동인 기업들은 대출해 준 대가로 받는 이자는 영업수익으로, 차입금에 대해 지급하는 이자는 영업비용으로 처리한다. 반면에 이자를 받는 것이 주된 영업활동이 아닌 기업들은 여유자금을 은행에 예치하고 받은 이자수익은 영업외수익으로, 돈을 차입한 후 지급하는 이자비용은 영업외비용으로 처리한다.

72

그들은 왜 좀비가 되었나?
이자보상비율

바이러스의 엄청난 장점은
자신의 치명적인 단점을 대단한 장점으로 위장한다는 것이다.
― 영화 〈월드워 Z〉 중에서

'움직이는 시체'를 뜻하는 좀비zombie라는 단어의 기원은 '영혼'이라는 의미를 가진 아프리카의 콩고어 은잠비nzambi다. 좀비는 서아프리카의 종교인 부두교에서 유래한 것으로 '인간에게서 영혼을 뽑아낸 존재'다. 부두교의 좀비는 단순히 살아 움직이는 시체에 불과했지만, 영화 〈월드워 Z〉에 나오는 좀비는 엄청나게 빠른 속도로 달리며 막강한 조직력으로 하늘을 나는 헬기마저 집어삼킨다.

▲ 영화 〈월드워 Z〉 포스터

영화뿐만 아니라 현실에도 좀비가 존재한다. 바로 '좀비기업'이다. 법률이 숨을 불어넣어 사람처럼 살아 움직이지만 기업은 사실 보이지 않는 존재다. 그러나 이런 기업들 중에는 자신의 능력만으로는 살아가지 못하고, 빚으로 근근이 생명을 연장하는 기업이 있다. 이런 기업들을 좀비기업이라고 하는데, 영업활동으로 벌어들인 이익(영업이익) 가지고는 이자조차 갚지 못하는 부실기업을 말한다. 회생 가능성이 낮음에도 불구하고 정부나 채권단의 지원으로 연명하는 이런 기업을 '되살아난 좀비'에 빗대어 '좀비기업'이라고 부른다.

좀비기업을 만나면 투자를 하든 거래를 하든 물리지 않도록 조심해야 한다. 어떤 기업이 좀비기업인지 아닌지 어떻게 알 수 있을까? 좀비기업을 찾아내기 위해서는 '이자보상비율'을 알아야 한다. 이자보상비율은 "영업활동으로 벌어들인 이익이 이자비용의 몇 배인가?"라는 질문에 대한 대답으로서, 영업이익을 이자비용으로 나누어 계산한다.

$$이자보상비율 = \frac{영업이익}{이자비용}$$

이자보상비율이 1이라는 것은 영업활동으로 벌어들인 이익을 전부 이자를 갚는 데 사용한다는 뜻이다. 결국 이자보상비율이 1보다 크다는 것은 이자를 갚고도 이익이 남는다는 의미이고, 1보다 작다는 것은 영업이익이 생겨도 이자조차 다 갚기 어렵다는 뜻이다. 보통은 1.5배 정도면 이자지급 능력이 충분하다고 본다.

좀비기업은 보통 3년 연속 이자보상비율이 1 미만인 기업을 말한다. 3년 연속으로 이자도 갚지 못할 정도라면 자체 생존능력이 없을 가능성이 높다고 보는 것이다.

채권단의 빚으로 근근이 생명을 연장하는 좀비기업은 사회적으로 문제가 될 수 있다. 좀비기업을 제때 정리하지 못하고 계속 지원하면 정상기업이 분배받을 수 있는 자원이 줄어들어 우량기업마저 좀비화할 수 있기 때문이다.

주식회사의 유한책임에 대한 대가

법인세

일곱 명이 함께 회사를 만들었네.
이들은 빚을 얼마까지만 갚겠다고 공개적으로 선언했다네.
— 오페레타 〈유토피아주식회사〉 중에서

　　1893년 10월 7일 런던 사보이 극장에서 빅토리아 시대 말기의 뮤지컬 중 가장 흥행했던 오페레타* 〈유토피아주식회사Utopia, Limited〉의 막이 올랐다. 태평양에 있는 가상의 섬 유토피아의 국왕은 문명화를 위해 6명의 외국인을 초대하는데, 그중 미스터 골드버리Mr. Goldbury가 주식회사를 소개한다. 주식회사가 번영하면 영국도 살 수 있다는 이야기에 섬 전체가 주식회사 찬가를 부른다. 동네 꼬마들까지 주식회사 설립을 위한 사업설명서를 들고 돌아다닌다.

　　결말은 어땠을까? 자본, 기술, 실물재산도 없이 펼쳐진 머니게임의 결말은 항상 같다. 파탄과 몰락이었다.

　　오페레타 〈유토피아주식회사〉에서는 주식회사를 조롱하지만, 역사적으로 볼 때 주식회사는 가장 성공한 조직체다. 우리나라에서 기업활동을

---

* 오페레타는 이탈리아의 정통 오페라보다 규모가 작고 다소 희극적인 요소를 가미한 뮤지컬이다.

^ 오페레타 〈유토피아주식회사〉

하기 위해 설립한 회사도 대부분 주식회사다.

주식회사의 성공비결은 무엇일까? 바로 유한책임이라는 장점 덕분이다. 1862년 제정된 「영국회사법Companies Act」에서는 발기인 7명이 모여 회사를 만들면, 회사가 진 빚을 갚지 못하더라도 주주들이 책임을 지지 않도록 했다. 이 법에 따르면 법인의 채무가 주주에게 전가되지 않기 때문에 법인이 파산하더라도 주주는 보호된다.

이것은 오늘날 유한책임제도의 시초가 되었다. 유한책임, 주식의 자유로운 양도 그리고 독립된 법인격 등의 장점 덕분에 주식회사는 독립적인 생명체로서 지금까지 계속 존재하고 있다.

유한책임이 주식회사의 장점이라면 단점은 무엇일까? 바로 법인세라는 세금이다. 주식회사와 같은 법인은 법률에 의해 사람과 같은 인격을 부여받는다. 따라서 사람과 똑같이 취급된다. 법인도 잘못을 저지르면 재판도 받고, 벌금도 내야 하며, 계약을 지키지 않으면 책임을 져야 한다. 세금도 내야 한다. 법인이 영업활동으로 얻은 소득에 대해 부담하는 세금을 '법인세'라고 한다. 법인세 추정액은 손익계산서를 작성할 때 '법인세비용'이라는 항목으로 표시한다.

법인이 부담하는 세금이 왜 단점이 될까? 개인이 직접 사업할 때는 개인소득세만 납부하면 되지만, 법인을 통해 사업할 경우에는 독립된 인격체로서 법인세를 내야 한다. 그리고 세금을 납부한 후 소득을 주주들에게 배당하면 주주들 또한 배당받은 소득에 대해 소득세를 내야 한다. 법인과 개인이 모두 세금을 내야 하므로 세금이 이중으로 부과되는 문제가 발생하는 것이다. 법인은 유한책임이라는 장점이 있지만, 이렇듯 법인세를 내야 한다는 단점도 있다.

이익은 양보다 질이다

74

만족한 돼지보다는 불만족한 인간이 더 낫고,
배부른 돼지보다는 배고픈 소크라테스가 더 낫다
— 존 스튜어트 밀, 영국 철학자

양quantity이 먼저인가, 질quality이 먼저인가? 쉽게 답하기 어렵다. 운동을 잘하기 위해서는 훈련의 절대적인 양을 늘려야 할까, 아니면 부족한 부분을 집중적으로 개선해야 할까? 공부를 잘하기 위해서는 일단 책상 앞에 오래 앉아 있어야 할까, 아니면 짧은 시간이라도 집중해서 해야 할까? 인생을 가늘고 길게 사는 것과 굵고 짧게 사는 것 중 어떤 것이 좋을까?

양과 질의 우선순위는 각자 처한 상황마다 다를 것이다. 하지만 분명한 것은 어느 정도 양적인 측면이 충족되면 질적인 측면이 더 중요해진다는 사실이다. 늘 굶주리던 사람은 맛이 없더라도 배부른 한 끼를 원하겠지만, 일단 배고픈 상황을 벗어나면 조금 먹더라도 맛있는 음식을 선호하게 된다. 공부나 운동 역시 처음에는 양적인 투자가 중요하지만, 시간이 흐를수록 질적인 측면의 개선이 더 중요해진다.

회계의 세상에서도 양적인 측면이 어느 정도 충족되면 질적인 측면에서 반드시 따져보아야 하는 것이 있다. 바로 '이익의 질'이다. 기업에서 이익의 양은 당기순이익의 절대 금액이고, 이익의 질은 영업활동으로 벌어

251

들이는 현금흐름을 말한다. 이들은 어떤 관계가 있을까?

먼저 이익에 대해 살펴보자. 회계에서 '이익이 생겼다'는 것은 '수익에서 비용을 빼고 남는 것이 있다'는 뜻이다. 이익을 대표하는 것이 바로 '당기순이익'이다. 당기순이익은 이번 회계기간(당기)에 얼마를 벌어서 얼마를 쓰고 얼마가 남았는지 알려주는 것으로서 기업의 경영활동을 평가하는 가장 일반적인 지표다. 당기순손실보다는 당기순이익이 생긴 것이 낫고, 당기순이익의 절대금액은 크면 클수록 좋다.

하지만 당기순이익의 절대 금액이 커져서 이익의 '양'적인 측면이 어느정도 충족되면, 반드시 이익의 '질'도 같이 고려해야 한다. 기업에서 이익의 질을 나타내는 지표는 바로 '영업활동으로 벌어들인 현금흐름'이다. 당기순이익은 발생주의에 따라 회계상으로 계산된 금액이지만, 영업활동으로 벌어들인 현금흐름은 현금주의에 따라 실제로 남은 현금을 의미한다.

당기순이익의 절대적인 금액이 커도 영업활동으로 벌어들인 현금이 적다면 좋은 신호가 아니다. 현금이 적으면 회사의 안정성이 위협받을 수 있기 때문이다. 또한, 영업활동으로 벌어들인 현금이 많을 경우 투자 등을 통해 회사의 수익성을 개선할 수 있지만, 현금이 부족할 경우에는 향후 이익개선에 힘쓰기 어려워 성장동력이 저하될 수도 있다. 결국 회사의 이익을 평가할 때는 당기순이익이라는 이익의 양뿐만 아니라 영업활동으로 벌어들인 현금흐름이라는 이익의 질도 같이 살펴보아야 한다.

주가수익비율(PER)

> 스스로 판단할 수 있는 자유로운 영혼과 정신력이 있다면
> 굳이 다수를 따라갈 필요가 없다.
> ― 존 네프, 미국 투자가

워런 버핏, 피터 린치와 함께 월스트리트의 '3대 전설'로 꼽히는 존 네프John Neff는 대공황이 한창이던 1931년 미국 오하이오주의 작은 도시에서 태어났다.

힘든 유년기를 보냈지만, 대학에 입학한 후 벤저민 그레이엄의 후계자로 꼽히는 시드니 로빈스로부터 투자기법을 배웠다. 어려운 가정에서 태어나고 자라며 스스로 깨친 삶의 지혜에다 좋은 스승을 만나 공부

∧ 존 네프(1931~2019)

한 덕에 그는 월스트리트 최고의 투자자 반열에 올랐다.

존 네프는 뱅가드의 윈저 펀드Vanguard's Windsor Fund를 맡아 운용했는데, 1964년부터 1994년에 은퇴할 때까지 31년 동안 무려 5,546%의 누적수익률을 기록했다. 펀드매니저들이 자신의 자산을 가장 맡기고 싶어 하는 펀드매니저로 뽑히기도 했다.

존 네프가 이렇게 뛰어난 투자자가 된 비법은 무엇일까? 그것은 바로 저低PER 주식을 공략하는 것이었다. PERPrice Earning Ratio이란 어떤 회사의 1주당 주가를 1주당 순이익으로 나눈 비율, 즉 주가수익비율을 말한다.

$$\text{주가수익비율(PER)} = \frac{\text{1주당 주가}}{\text{1주당 순이익}}$$

예를 들어, A기업의 주식이 시장에서 1주당 1만원에 거래되고, A기업의 1주당 순이익(당기순이익/주식총수)이 1,000원이라면 A기업의 PER은 10이 된다. PER이 10이라는 것은 A기업 주식을 1만원에 샀을 때, A기업이 매년 1,000원씩의 이익을 얻어 이를 배당할 경우 10년이면 투자금액을 회수할 수 있다는 뜻이다.

PER 값이 낮을수록 더 빨리 투자금액을 회수할 수 있으므로 좋은 주식이다. 같은 산업에 속한 회사 중 A회사는 PER이 10이고, B회사는 15라면 A회사 주식이 B회사 주식에 비해 저PER이므로 투자하기에 더 매력적이다.

존 네프는 시장보다 40~60% 저평가된 저PER 주식들을 주된 투자대상으로 삼았다. 그가 이끈 윈저 펀드의 경우, 모두가 무시하는 저평가된 비인기 종목을 찾아 주가가 적정한 수준으로 오를 때까지 기다리는 전략을 사용했다. 다만, 존 네프는 저가로 거래되는 종목들 중에서 실제로 성장 가능성이 낮아서 PER이 낮은 것인지, 아니면 성장가능성은 있지만 시장의 주목을 받지 못해 PER이 낮은 상태인지를 잘 구분해야 한다고 말했다.

존 네프처럼 대중으로부터 사랑받지 못하는 비인기주를 사서 투자자들이 그 종목의 장점을 깨달았을 때 파는 저PER 주식 투자전략을 깊이 연구한다면, 일반인도 주식투자에 성공할 수 있지 않을까?

| PBR |

PER과 함께 많이 사용되는 지표가 PBR(주당순자산비율, Price Book-value Ratio)이다. PBR은 1주당 주가를 1주당 순자산가치(자산에서 부채를 차감한 금액)로 나눈 비율이다. 1주당 순자산가치는 회사가 망한다고 할 때 회사의 총자산에서 부채를 변제한 후 주주가 받을 수 있는 금액이다. PBR은 주가가 1주당 순자산의 몇 배로 거래되고 있는지를 알려준다. 1주당 주가가 1,000원인데 1주당 순자산가치가 2,000원이라는 것은 지금 이 주식에 1,000원을 투자할 경우 회사가 망하는 최악의 상황에서도 2,000원을 받을 수 있으므로 투자 측면에서 안정적이라는 뜻이다. 따라서 PBR은 보통 1보다 낮은 것이 좋다.

76

'숨은 손익'은 여기서 찾아라
포괄손익계산서

> 10년간 보유할 주식이 아니라면
> 단 10초도 보유하지 마라.
> ─ 워런 버핏

1991년 워런 버핏은 자신이 세운 투자회사인 버크셔 해서웨이Berkshire Hathaway의 주주들에게 한 통의 서한을 보냈다. 그 서한에는 '당기순이익을 오해하지 말라'는 내용이 들어 있었다. 그는 왜 이런 편지를 보냈을까?

워런 버핏이 말하고 싶었던 내용을 좀 더 자세히 들여다보자. 당시 버크셔 해서웨이는 캐피탈시티 커뮤니케이션즈Capital Cities Communications의 지분을 17% 가지고 있었다. 캐피탈시티 커뮤니케이션즈는 1990년에 엄청난 실적을 올렸고 이익의 17%만 해도 8,300만달러가 넘었다. 즉, 캐피탈시티 커뮤니케이션즈가 올린 이익을 전부 주주에게 배당할 경우 버크셔 해서웨이는 그중 17%에 해당하는 8,300만달러를 배당소득으로 벌어들일 수 있었다. 하지만 캐피탈시티 커뮤니케이션즈는 벌어들인

^ 캐피탈시티 커뮤니케이션즈는 미국 3대 지상파방송사인 ABC를 보유한 회사로, 1996년에 월트디즈니사에 인수되었다.

이익의 대부분을 회사에 유보하고 일부만 주주들에게 배당했기 때문에 버크서 해서웨이가 실제로 배당받은 금액은 53만달러에 불과했다.

문제는 회계처리기준에 있었다. 당시에는 회계처리기준상 17% 정도 지분을 가지고 있을 경우 실제로 배당받은 금액만 손익에 포함할 수 있었고, 장기간 보유하는 주식의 평가이익은 실제로 배당받거나 매각할 때까지 손익계산서에 반영되지 않았다. 결국 버크서 해서웨이는 캐피탈시티 커뮤니케이션즈로부터 실제로 배당받은 금액인 53만달러만 손익계산서에 배당금 수익으로 반영할 수 있었다. 그리고 추가로 배당받을 수 있었던 금액 8,247만달러(8,300만달러에서 53만달러를 차감한 금액)는 버크서 해서웨이의 손익계산서 어디에도 반영되지 않았다. 이렇듯 장기보유 주식의 평가이익이 당기순이익에 반영되지 않았기 때문에 워런 버핏은 당기순이익에 속지 말라고 지적한 것이다.

다행히도 현행 IFRS 회계에서는 장기보유 주식의 평가손익처럼 숨어 있는 이익에 관한 정보를 확인할 수 있는 곳이 있다. 바로 포괄손익계산서다. 포괄손익이란 자본거래를 제외한 모든 거래나 사건에서 발생한 손익을 말한다. 포괄손익 중 당기순이익 계산 시에 포함되지 않는 손익을 기타포괄손익이라고 한다.

기타포괄손익의 대표적인 것이 앞서 설명한 것과 같은 '장기보유주식의 평가손익'이다. 1년 이내에 팔 목적으로 단기간 보유하는 주식의 평가손익은 손익계산서에 반영할 수 있다. 당장 내일이라도 팔 수 있기 때문이다. 하지만 1년 이상 장기간 보유할 목적으로 보유하는 주식의 평가손익은 1년간의 성과를 계산하는 손익계산서에 반영할 수 없다. 단기간 내에 매각할 것이 아니다 보니 향후 주식가치가 어떻게 변동될지 알 수 없어 실현된 손익으로 보기 어렵기 때문이다.

다만, 장기보유 주식의 가치 변동분을 손익계산서에 반영하지 않으면 '숨어있는 손익'이 없는 것으로 오해할 수 있으므로 어딘가에는 보여줄 필요가 있다. 이를 위해 장기보유 주식의 평가손익을 '기타포괄손익'이라는 항목에 반영하여 포괄손익계산서를 작성한다.

포괄손익 = 당기순손익 (±) 기타포괄손익

포괄손익은 손익계산서의 하단에 기타포괄손익을 반영하는 방식으로 표시할 수도 있지만, 다음과 같이 포괄손익계산서를 별도로 작성할 수도 있다.

셀트리온의 포괄손익계산서
제27기: 2017년 1월 1일부터 2017년 12월 31일까지
제26기: 2016년 1월 1일부터 2016년 12월 31일까지

회사명: 주식회사 셀트리온 (단위: 원)

과목	제27기	제26기
당기순이익	403,180,515,910	221,412,682,173
기타포괄손익	1,488,460,239	(3,134,631,325)
후속적으로 당기손익으로 재분류될 수 있는 항목		
매도가능 금융자산 평가손익	2,234,653,580	(4,135,397,527)
기타포괄손익 관련 법인세효과	(746,193,341)	1,000,766,202
세후총포괄이익	404,668,976,149	218,278,050,848

자본주의의 파수꾼,
공인회계사

J.D. 샐린저의 소설 《호밀밭의 파수꾼》은 1951년 발간된 이래 오늘날까지 사랑받는 대표적인 성장소설 중 하나다. 명문 사립학교에 다니는 홀든 콜필드가 낙제점을 받아 학교에서 퇴학당한 후 방황한 3일간의 이야기를 독백 형식으로 담고 있다. 아무것에도 의욕이 없어 보였던 그는 좋아하는 것이 무엇이냐는 여동생 피비의 질문에 다음과 같이 답한다.

> "나는 넓은 호밀밭 같은 데서 조그만 어린애들이 어떤 놀이를 하고 있는 것을 항상 눈앞에 그려봐. 몇천 명의 아이들이 있을 뿐 주위에 어른이라곤 나밖엔 아무도 없어. 나는 아득한 낭떠러지 옆에 서 있지. 내가 하는 일은 누구든지 낭떠러지에서 떨어질 것 같으면 얼른 가서 붙잡아주는 거야. 애들이 달릴 때는 저희가 어디로 달리고 있는지 모르잖아? 그럴 때 내가 어딘가에서 나타나 그 애들을 붙잡아야 해. 하루 종일 그 일만 하면 돼. 이를테면 호밀밭의 파수꾼이 되는 거지."

그는 현실의 고통을 이기지 못해 도피하고 싶어 했지만, 그만큼 순수한 아이들의 세계를 지켜주고 싶은 마음도 강했다. 그는 결국 피비의 순수함에 동화되어 현실을 너그러이 수용하고 집으로 돌아간다.

∧ 《호밀밭의 파수꾼》 초판본 표지, 1951   ∧ J.D.샐린저(1919~2010)

현실 세계에도 자본주의라는 호밀밭을 지키는 파수꾼이 존재한다. 바로 공인회계사다. 공인회계사는 기업의 회계처리가 적정한지 감사하는 일을 한다. 19세기 이전까지 회계사는 사실상 장부작성자에 가까웠다.

하지만 영국에서 1844년 「회사법」으로 회계사에 의한 법정감사를 규정하고, 미국에서도 대철도시대를 맞아 철도회사의 회계정보 공시 요구가 증가하면서 회계사는 민간 차원의 관리감독자로 변모했다. 특히 산업혁명으로 인해 철도회사가 급속도로 성장함에 따라 재무의 복잡성과 부패로 인해 불확실성 또한 증가하자, 철도회사가 직면한 회계적 불확실성은 국가와 정부를 넘어 자본주의 전체를 위협하는 요인이 되었다. 회계사들은 이들 철도회사들을 관리, 감독하는 주체가 되면서 자본주의 사회의 공식적인 민간 규제자 역할을 했다.

공인회계사는 분식회계 또는 회계부정 등으로 인해 시장의 경제질서가 교란되고 붕괴됨에 따라 시장에 참여 중인 각 경제주체들이 절벽으로 떨어지는 것을 막고, 시장 경제질서가 정상적으로 작동할 수 있도록 돕는 자본주의의 파수꾼 역할을 한다.

알아두면 고수가 되는 회계지식

77

현금은 어디로 사라졌나?
현금흐름표

측정하지 못하면 관리하지 못한다.
— 피터 드러커

1759년 설립된 둘레이스 철강회사The Dowlais Iron Company는 영국 산업혁명기에 철을 생산, 판매하여 세계적인 철강회사로 발돋움했다. 파업과 과잉투자 등으로 슬럼프를 겪으면서 이익이 감소하기도

^ 조지 차일드, 〈둘레이스 철강회사의 모습〉, 1840

했지만, 1863년 슬럼프를 극복하고 많은 이익을 올렸다.

그런데 1863년 7월 어느 날 공장관리자가 주주들에게 한 통의 편지를 보내왔다. 용광로에서 철을 제조해야 하는데 돈이 없다는 내용이었다. 공장관리자는 주주들에게 다음과 같이 질문했다.

"회사에서는 이익이 났다고 하는데 돈은 다 어디로 갔을까요?"

공장관리자는 이 궁금증을 풀기 위해 1862년과 1863년의 자산과 부채의 증감내역을 비교해 보았다. 그 결과 1862년에 비해 1863년에 재고자산이 상당히 증가한 것을 알게 되었다. 결국 이익이 났음에도 회사에 돈이 없었던 이유는 재고자산을 취득하느라 현금을 다 써버렸기 때문이었다. 이 공장관리자가 회사의 현금이 어디로 갔는지 알기 위해 만든 표가 발전하여 지금의 현금흐름표가 되었다.

현금흐름표Cash flow statement는 회사의 현금이 어떻게 증가하고 감소했는지 일목요연하게 정리한 표다. 둘레이스의 공장관리자가 궁금해한 것처럼 손익계산서만으로는 회사의 현금변동내역을 알 수 없고, 현금흐름표를 봐야 회사의 현금유동성과 지급능력을 파악할 수 있다.

현금흐름표는 영업활동, 투자활동, 재무활동이라는 3가지 활동과 관련한 현금흐름을 분석한다. 영업활동에서 현금흐름이 (+)라는 것은 회사가 영업으로 이익을 내서 현금이 안정적으로 들어오고 있다는 뜻이다. 투자활동에서 현금흐름이 (-)라는 것은 회사의 미래 성장을 위해 자산을 구입하고 새로운 투자를 하는 데 돈을 썼다는 얘기다. 재무활동에서 현금흐름이 (+)라는 것은 돈을 빌렸다는 뜻이고, (-)라는 것은 빌린 돈을 갚거나 주주에게 배당금을 지급했다는 의미다.

결국 상황이 좋은 회사는 영업활동으로 돈을 벌어서[영업현금흐름 (+)], 새로운 사업에 투자하고[투자현금흐름 (-)], 빌린 돈도 갚는[재무현금흐름 (-)] 회사다. 반대로 상황이 나쁜 회사는 적자인 데다[영업현금흐름 (-)], 투자금은 계속 들어가고[투자현금흐름 (-)], 돈이 없어서 계속 자금을 차입해야 하는[재무현금흐름 (+)] 회사다.

현금흐름표상 상황이 좋은 회사 vs 좋지 않은 회사

구분	좋음	나쁨
영업활동에 의한 현금흐름	대규모 + 많은 수익	대규모 − 많은 적자
투자활동에 의한 현금흐름	적당한 − 성장을 위해 설비투자가 필요한 사업	대규모 − 적자에도 불구하고 설비투자가 필요한 사업
재무활동에 의한 현금흐름	− 차입금을 상환하고 배당도 할 수 있는 상태	+ 유상증자 및 회사채 발행으로 인한 대규모 차입

삼성전자는 현금흐름표로 볼 때
좋은 회사일까?

삼성전자의 2017년 현금흐름표를 보면 영업활동으로 벌어들인 돈을(영업활동 현금흐름 +), 투자를 위해 지출하고(투자활동 현금흐름 -), 주가안정을 위해 자기주식을 취득하며 배당금을 지급하고(재무활동 현금흐름 -) 있으므로 회사 사정이 양호하다는 것을 알 수 있다.

2017년 삼성전자 현금흐름표

단위: 백만원

과목		제49(당)가
I. 영업활동 현금흐름		38,906,190
1. 영업에서 창출된 현금흐름	41,350,471	
가. 당기순이익	28,800,837	
나. 조정	18,012,976	
다. 영업활동으로 인한 자산부채의 변동	(5,463,342)	
2. 이자의 수취	491,501	
3. 이자의 지급	(265,364)	
4. 배당금 수입	1,118,779	
5. 법인세 납부액	(3,789,197)	
II. 투자활동 현금흐름		(28,118,806)
1. 단기금융상품의 순감소(증가)	2,960,592	
2. 단기매도가능금융자산의 처분	-	
3. 장기금융상품의 처분	1,700,000	
4. 장기금융상품의 취득	(500,000)	
5. 장기매도가능금융자산의 처분	98,265	
6. 장기매도가능금융자산의 취득	(163,765)	
7. 종속기업, 관계기업 및 공동기업 투자의 처분	1,438,362	
8. 종속기업, 관계기업 및 공동기업 투자의 취득	(7,492,843)	
9. 유형자산의 처분	244,033	
10. 유형자산의 취득	(25,641,229)	
11. 무형자산의 처분	456	
12. 무형자산의 취득	(843,096)	
13. 현금의 기타유입	80,419	
III. 재무활동 현금흐름		(11,801,987)
1. 단기차입금의 순증가	3,300,611	
2. 자기주식의 취득	(8,350,424)	
3. 사채의 상환	(6,043)	
4. 배당금의 지급	(6,746,131)	
IV. 외화환산으로 인한 현금의 변동		-
V. 현금 및 현금성 자산의 (감소)증가(Ⅰ+Ⅱ+Ⅲ+Ⅳ)		(1,014,603)
VI. 기초의 현금 및 현금성 자산		3,778,371
VII. 기말의 현금 및 현금성 자산		2,763,768

돈맥경화가 불러온 참사

흑자도산

78

당신이 믿을 수 있는 것은 오래된 배우자,
함께한 강아지 그리고 현금이다.
— 벤저민 프랭클린

삼성전자의 협력업체인 주식회사 우영은 업력이 30년이나 되는 건실한 코스닥 상장회사였다. 그런데 2008년 3월 3일 부도가 나면서 상장폐지되고 말았다. 우영에 도대체 무슨 일이 있었던 걸까?

우영은 2008년 2월 29일 만기가 도래한 91억원의 약속어음을 결제하지 못해 최종 부도처리되었다. 현금 유동성 부족 때문이었다. 우영처럼 흑자를 내고 있는데도 현금 유동성 부족으로 부도가 나서 도산처리되는 것을 가리켜 '흑자도산'이라고 한다.

혹시라도 재무제표를 통해 위험을 감지할 수는 없었을까? 우영의 손익계산서를 살펴보면 2007년 이전 10년간 대부분 이익을 실현하였고, 2007년에도 3분기까지 누적 영업이익과 당기순이익이 각각 93억원과 8억원이다. 재무상태표상으로 유동자산이 유동부채보다 많아 유동비율은 100%를 넘고, 이

∧ 현금유동성 부족으로 돈의 흐름이 막히면 흑자도산이 발생할 가능성이 높아진다.

익잉여금도 206억원이나 쌓여 있다. 재무상태표와 손익계산서에서는 위험 신호를 찾기 어렵다.

재무상태표

(단위: 억원)

과목	금액
자산	
I. 유동자산	2,008
II. 비유동자산	1,169
자산총계	3,177
부채	
I. 유동부채	1,713
II. 비유동부채	752
부채총계	2,465
자본	
I. 자본금	205
II. 자본잉여금	331
III. 이익잉여금	206
IV. 기타자본	(30)
자본총계	712
부채와 자본 총계	3,177

손익계산서

(단위: 억원)

과목	금액
매출액	2,623
(-)매출원가	2,360
=매출총이익	263
영업이익	93
당기순이익	8

문제는 현금흐름표에 있었다. 우영의 2007년 3분기 현금흐름표를 살펴보면 다음과 같다.

2007년 3분기 우영의 현금흐름표

과목	금액
영업활동에 의한 현금흐름	(-) 19,421,933,850원
투자활동에 의한 현금흐름	(-) 11,723,214,129원
재무활동에 의한 현금흐름	34,450,757,562원

영업 및 투자활동으로 인한 현금흐름은 음수(-)이고, 재무활동으로 인한 현금흐름은 양수(+)다. 영업활동으로 인한 현금흐름이 음수(-)인 것은 물건을 팔아 벌어들인 돈보다 지출한 돈이 더 많았고, 투자활동으로 인한 현금흐름이 음수인 것은 자산의 취득 및 개발비의 지출 등 투자를 위한 현금유출이 많았다는 뜻이다.

재무활동으로 인한 현금흐름이 양수(+)인 것은 현금부족으로 인해 차입금 또는 사채발행 등으로 현금을 조달했다는 뜻이다. 결국 우영은 회계상으로는 영업이익이 발생하고 있었지만, 실제로 들어온 돈은 적은 상황에서 차입 등을 통해 돈을 빌려 시설투자에 나섰다가 유동성 위기에 빠졌을 가능성이 높다.

우영은 2006년 원가 절감 노력으로 삼성전자로부터 협력업체 혁신사례 우수상을 받을 정도로 건실한 회사였다. 그러나 2007년 서브프라임 사태로 촉발된 금융위기로 인해 실물경제가 악화되자, 유동성 부족으로 인한 위기를 넘기지 못하고 부도처리되는 안타까운 결과를 맞이하고 말았다. 현금이 부족하여 돈이 막히는 돈맥경화 상태가 되면 우영처럼 우수한 회사도 순식간에 위험에 빠질 수 있다. 우영의 부도는 기업활동에서 현금이 얼마나 중요한지를 단적으로 보여준다.

79

배당금은 손익계산서에 보이지 않는다
자본변동표

20년 정도 되는 기간에 걸쳐
계속해서 배당금을 지급한 기업에 투자하라.
— 벤저민 그레이엄

　유한킴벌리는 1984년부터 지속적으로 펼치고 있는 공익캠페인 '우리 강산 푸르게 푸르게'로 대중에게 널리 알려져 있지만, 주주친화적인 기업 으로도 유명하다. 벌어들인 이익을 매년 주주들에게 배당금으로 지급하기 때문이다. 배당금이란 매년 벌어들인 당기순이익을 주주들에게 나눠주는 것을 말한다. 유한킴벌리가 지급하는 배당금이 당기순이익에서 차지하는

∧ 유한킴벌리 본사 　　　∧ 유한킴벌리 '우리강산 푸르게 푸르게' 캠페인

비율(배당성향)은 무려 90%에 달한다. 1년 동안 벌어들인 순이익의 대부분을 주주들에게 돌려주는 셈이다.

그런데 유한킴벌리의 손익계산서를 아무리 살펴보아도 배당금을 얼마나 지급했는지가 나와 있지 않다. 왜 그럴까?

배당금은 당기순이익을 재원으로 한다. 당기순이익은 수익에서 비용을 차감하고 남은 금액을 의미하며, 당기순이익 중에서 실제로 주주가 받아간 금액이 바로 배당금이다. 당기순이익을 계산할 때 비용이란 기업활동과 관련하여 이미 지출했거나 향후 지출해야 하는 돈을 말하는데, 비용으로 지출하는 금액만큼은 주주가 배당금으로 가져갈 수 없다. 결국 비용은 배당금이 될 수 없기 때문에 손익계산서의 비용항목을 아무리 뒤져도 배당금에 관한 내용을 찾을 수 없는 것이다.

그렇다면 배당금 지급은 어디에서 찾아야 할까? 손익계산서의 당기순이익은 재무상태표에 이익잉여금으로 반영한다. 그리고 이익잉여금 중에서 실제로 지급한 배당금은 손익계산서상 비용으로 처리하지 않고 이익잉여금에서 곧바로 차감한다. 즉, 재무상태표의 자본계정에서 직접 차감하므로 배당금에 관한 내역을 확인하고자 한다면 자본변동표를 살펴보아야 한다.

자본변동표는 기업 자본의 변동내역을 알 수 있는 표다. 자본의 구성항목인 자본금, 자본잉여금, 이익잉여금, 배당금 등이 얼마나 증가하고 감소했는지를 나타낸다. 배당금과 같이 손익계산서에 나타나지 않는 자본거래의 내용은 자본변동표에서 확인할 수 있다.

자본변동표

제48(당)기: 2017년 1월 1일부터 2017년 12월 31일까지

제47(전)기: 2016년 1월 1일부터 2016년 12월 31일까지

회사명: 유한킴벌리 주식회사 (단위: 원)

적요란	자본금	자본잉여금	이익잉여금	총계
2016.01.01(전기초)-보고금액	200,000,000,000	62,523,838,804	501,312,385,733	763,838,224,537
연차배당	-	-	(65,000,000,000)	(65,000,000,000)
처분 후 이익 잉여금	-	-	438,312,385,733	698,838,224,537
중간배당	-	-	(80,000,000,000)	(80,000,000,000)
당기순이익	-	-	179,119,449,003	179,119,449,003
2016.12.31(전기말)	200,000,000,000	62,523,838,804	535,431,834,736	797,955,673,540
2017.01.01(당기초)-보고금액	200,000,000,000	62,523,838,804	535,431,834,736	797,955,673,540
연차배당	-	-	(80,000,000,000)	(80,000,000,000)
처분 후 이익 잉여금	-	-	455,431,834,736	717,955,673,540
중간배당	-	-	(60,000,000,000)	(60,000,000,000)
당기순이익	-	-	148,175,336,009	148,175,336,009
2017.12.31.(당기말)	200,000,000,000	62,523,838,804	543,607,170,745	806,131,009,549

80

궁금한 것이 있다면 여기를 보라

주석

어디에서 정보를 찾고 어떻게 활용할지 아는 것,
그것이 성공의 비밀이다.
— 알베르트 아인슈타인

재무제표 중 재무상태표, 손익계산서, 자본변동표 그리고 현금흐름표에는 온통 숫자뿐이다. 숫자에 담긴 정보도 상당히 의미가 있지만, 그것만으로 궁금한 것이 다 해결되지는 않는다. 재무제표의 내용 중 좀 더 구체적인 것을 알고 싶거나 궁금한 것이 있을 때 어떻게 확인할 수 있을까? 예를 들어 다음과 같은 궁금증은 어떻게 해결해야 할까?

삼성전자와 애플의 소송과정은 어떻게 되었을까?
현대자동차는 관계 회사들과 어느 정도 거래하고 있을까?
셀트리온은 면역치료제인 램시마 개발비로 얼마나 지출했을까?

이런 궁금증을 해결해 주는 것이 바로 재무제표의 주석Footnotes이다. 주석은 재무상태표, 손익계산서, 현금흐름표, 자본변동표와 함께 재무제표의 일부를 구성한다. 주석은 나머지 4개의 재무제표를 더 잘 이해할 수 있도록 추가로 정보를 제공하는 역할을 한다. 회사의 개황, 재무제표의 작성근거, 개별 계정과목에 대한 회계처리방법, 회계추정에 대한 사항 등이 자세히 설명되어 있다.

삼성전자 주석(2017년 기준)

---

5. 재무제표 주석

제48(당)기: 2017년 1월 1일부터 2017년 12월 31일까지
제47(전)기: 2016년 1월 1일부터 2016년 12월 31일까지

삼성전자주식회사

1. 일반적 사항:

삼성전자주식회사(이하 "회사")는 1969년 대한민국에서 설립되어 1975년에 대한민국의 증권거래소에 상장하였습니다. 회사의 사업은 CE부문, IM부문, DS부문으로 구성되어 있습니다. CE(Consumer Electronics) 부문은 디지털 TV, 모니터, 에어컨 및 냉장고 등의 사업으로 구성되어 있고, IM(Information technology & Mobile communication) 부문은 휴대폰, 통신시스템, 컴퓨터 등의 사업으로 구성되어 있으며, DS(Device Solutions) 부문은 메모리, 반도체, Foundry, System LSI 등의 반도체 사업으로 구성되어 있습니다. 회사의 본점 소재지는 경기도 수원시입니다.

이 재무제표는 한국채택국제회계기준에 따라 작성되었으며, 기업회계기준서 제 1027호 '별도재무제표'에 따른 별도재무제표입니다.

2. 중요한 회계처리방침:

다음은 재무제표의 작성에 적용된 주요한 회계정책입니다. 이러한 정책은 별도의 언급이 없다면, 표시된 회계기간에 계속적으로 적용됩니다.

특히 주석에는 회사가 타인에게 보증해 준 내용, 회사가 진행 중인 소송 등 우발부채에 관한 사항을 기재하는데, 우발부채는 앞서 언급했듯이 당초 예상하지 못한 상황이 발생하여 회사가 물어야 할 수도 있는 금액을 말한다. 예를 들어, 회사가 소송에 휘말린 경우 패소하면 돈을 물어야 할 수도 있다. 주석에는 이런 우발부채에 관한 사항이 상세하게 기재되어 있다. 또한, 지배주주 및 경영진과 특수관계자와의 거래내역도 자세히 설명되어 있다.

이렇듯 주석에는 회사의 미래현금흐름 및 재무 상태에 큰 영향을 미칠 수 있는 사항이 꼼꼼히 기재되어 있다. 따라서 주석에 포함된 다양한 정보들을 적극적으로 활용하면 회사가 처할지도 모를 재무위험을 어느 정도 가늠해 볼 수 있다.

| 주석 |

주석은 재무제표의 일부로서 나머지 4개의 재무제표를 이해하는 데 필요한 정보를 담고 있다. 주석이 포함하는 주요 정보는 다음과 같다.

1. 재무상태표를 포함한 4개 보고서의 작성 근거와 구체적인 회계정책에 대한 정보
2. 회계기준에서 요구하지만, 재무상태표를 포함한 4개 보고서 어느 곳에도 표시되지 않는 정보
3. 재무상태표를 포함한 4개 보고서 어느 곳에도 표시되지 않지만, 해당 보고서들을 이해하는 데 도움이 되는 정보

자사주

시간이 들더라도 제대로 하는 것이 중요하다.
— 팀 쿡

2011년 10월 5일은 스티브 잡스가 세상을 떠난 날이다. 애플의 창업자를 넘어 감동적인 인생 스토리와 "늘 갈망하고, 우직하게 나아가라, Stay hungry, Stay foolish."라는 명언을 남긴 스티브 잡스는 동 시대를 살아가는 많은 사람들의 가슴속에 깊은 인상을 남긴 후 삶에 마침표를 찍었다. 그가 세상을 떠날 때만 해도 애플은 이제 끝났다는 부정적 기류가 강했다. 모두가 후계자 팀 쿡이 스티브 잡스를 뛰어넘기 힘들 것이라고 생각했다.

7년이 흐른 2018년 기준으로 살펴본 애플은 어떤 모습일까? 애플의 시가총액은 스티브 잡스 당시보다 무려 3배 이상 증가하여 꿈의 가치라고 불리는 시가총액 1조달러를 넘어섰다. 미국 IT 역사상 최고의 혁신가로 꼽히던 스티브 잡스도 이루지 못한 것을 팀 쿡이 해낸 것이다. 이와 더불어 팀 쿡을 낙점한 스티브 잡스의 선견지명도 재평가를 받고 있다.

팀 쿡은 어떻게 애플의 시가총액을 1조달러 이상으로 키웠을까? 그 이유 중 하나로 꼽히는 것이 바로 자사주 매입이다. 자사주 매입이란 시중에 거래되는 어떤 회사의 주식을 그 회사가 직접 매입하는 것을 말한다. 스티브 잡스는 회사 내 현금을 유보하는 것을 선호했기 때문에 십수 년간 배당을 하지 않았다. 반면, 팀 쿡은 CEO로 취임한 그다음 해부터 과감하게 자사주 매입을 진행했다. 회사가 자기 회사의 주식인 자사주를 매입하면 시장에서 거래되는 주식 수가 줄어들어 주가가 올라가는 것이 일반적이다. 자사주 매입으로 인해 주가가 오르면 주주들은 높은 가격으로 주식을 처분할 수 있어 이익을 얻을 수 있다. 따라서 자사주 매입은 대표적인 주주친화 정책이다.

우리나라 상법에서도 일정한 요건을 충족할 경우 회사가 이미 발행한 자사주를 다시 매입하는 것을 허용하고 있다. 이렇게 취득한 자사주를 회계상으로는 자기주식이라고 부른다.

▲ 회사 내 현금유보를 선호한 스티브 잡스(1955~2011)

▲ 자사주를 매입해 주주친화적 정책을 펼친 팀 쿡(1960~)

자기주식은 어떻게 회계처리를 할까? 자기주식은 회계상으로는 재무상태표의 자본항목에서 차감하는 방식으로 처리한다. 회사가 발행한 주식을 다시 매입하여 보유하는 경우 자기주식을 마치 소각처리 한 것과 유사하게 보는 것이다. 다만, 재무제표 작성 시 총액주의 회계처리로 인해 자본금에서 직접 차감하지 않고, 기타자본항목에서 음수(-)로 표시하는 방식으로 회계처리를 한다.

재무상태표(자본)

(단위: 백만원)

구분	주석번호	제49기	
Ⅰ. 자본금	20		897,514
1. 우선주자본금		119,467	
2. 보통주자본금		778,047	
Ⅱ. 주식발행초과금			4,403,893
Ⅲ. 이익잉여금	21		150,928,724
Ⅳ. 기타자본항목	23		(4,660,356)
자본총계			151,569,775

주석

23. 기타자본항목:

가. 보고기간 종료일 현재 기타자본항목의 내역은 다음과 같습니다.

(단위: 백만원)

구분	당기말	전기말
자기주식	(6,228,187)	(9,750,326)

위 삼성전자의 주석을 살펴보면, 자기주식을 기타자본항목으로 하여 자본에서 차감하는 방식으로 회계처리를 한 사실을 알 수 있다. 괄호로 표시한 음수 항목은 자본에서 차감한다는 뜻이다.

82

꿈에 날개를 달아주다
스톡옵션

모두가 원하지만 아무도 하지 않은 일에 도전하라.
— 마크 저커버그

2016년 7월 15일은 라인LINE의 꿈이 실현된 날이다. 네이버의 100% 일본 자회사로서 '라인'이라는 모바일 메신저 프로그램을 운영하는 라인 주식회사가 도쿄와 뉴욕 증권거래소에 성공적으로 상장했기 때문이다. 회사를 운영하는 사람들의 꿈은 증권시장에 상장하는 것이다. 이러한 꿈을 직원들과 공유하고 함께 실현하기 위해서는 동기부여가 필요하다. 이에 많은 회사들이 회사가 제시하는 꿈과 비전에 임직원들이 전력을 다해 동참하도록 유도하기 위해 스톡옵션을 주는 전략을 사용한다.

∧ 라인의 도쿄증권거래소 및 뉴욕증권거래소 상장 모습 ⓒ블룸버그

스톡옵션Stock-option이란 기업의 직원들이 정해진 가격으로 회사의 주식을 미리 살 수 있는 권리를 말한다. 스톡옵션을 받은 라인의 임직원들은 라인이 상장에 성공함에 따라 무려 1조원에 가까운 상장차익을 얻게 되었다. 라인의 임직원들이 얻은 1조원에 가까운 차익은 도대체 어떻게 가능했을까?

그전에 스톡옵션을 어떻게 회계처리하는지 알아보자. 기업은 임직원들이 일정 기간 근로를 제공하는 대가로 스톡옵션을 나누어 주고, 나중에 임직원들이 스톡옵션을 행사하게 되면 약속한 대로 회사의 신주를 발행해 주거나 자사주를 나눠줘야 한다. 이것은 결국 임직원들은 근로를 제공하고 회사는 그에 대한 대가를 지급하는 것과 같다. 그래서 스톡옵션을 부여할 때는 부여할 주식의 공정가치를 측정하여, 종업원이 스톡옵션을 받기 위해 근무해야 하는 기간 내에 나눠서 급여(비용)로 처리한다.

예를 들어 회사가 1주당 5,000원에 1만주를 살 수 있는 스톡옵션을 직원들에게 주었다고 가정해 보자. 이로 인해 직원들의 충성심과 사기가 진작되어 회사가 지속적으로 성장한 결과, 상장에 성공하여 1주당 주가가 5만원이 되었다고 하자. 이때 직원들이 회사로부터 1주당 5,000원에 산 주식 1만주를 이후 주식시장에 1주당 5만원에 팔면, 4만 5,000원의 차액 (총액 4억 5,000만원)을 얻을 수 있다.

단계	내용
스톡옵션 권리 부여시점	대가 없음
스톡옵션 행사시점	약정한 가격(1주당 5,000원, 총 5,000만원)을 주고 회사로부터 주식 1만주를 매수
주식 매도시점	회사로부터 산 주식을 증권시장에 1주당 5만원(시가)에 매각하여 1주당 4만 5,000원, 합계 4억 5,000만원의 차익 실현

결국 임직원들은 특별히 돈을 들이지 않고도 스톡옵션을 받을 수 있고, 회사가 잘되면 싸게 사서 비싸게 파는 차익거래를 통해 큰 이익을 얻을 수 있다. 라인의 임직원들 역시 이런 방식으로 무려 1조원에 가까운 이익을 실현할 수 있었다. 스톡옵션 부여와 상장으로 인해 회사와 임직원의 꿈이 동시에 실현된 것이다.

83

주식을 공짜로 나눠주는
무상증자

내 명의의 주식은 재단에 기증하고,
아들은 대학까지 졸업했으니 자립해서 살아가라.
― 故 유일한 박사의 유언장 중에서

1971년 4월 4일 한 사람의 유언장이 사회에 큰 파문을 일으켰다. 언론을 통해 공개된 유언장의 주된 내용은 "자신이 가진 주식 전부를 재단에 기부하고, 장성한 아들은 대학교육까지 시켰으니 자립해서 살아가라."라는 것이었다.

이 유언장을 작성한 사람은 자식에게 재산을 일체 물려주지 않고 전 재산을 사회에 내놓은 유일한 박사였다. 그는 미국에서 공부한 후 한국에 돌아와 유한양행이라는 회사를 설립하고 기업인으로 일생을 살아왔다. 기업

∧ 유일한 박사상

∧ 유한양행 본사

이 추구하는 가치는 이윤에만 있는 것이 아니라 사회라는 공동체에 기여하는 것이라는 신념을 죽을 때까지 실천함으로써 우리 사회의 영원한 기업인상을 세웠다.

유일한 박사가 1926년 세운 유한양행은 한국 기업 중 무상증자를 가장 많이 해 온 기업으로 꼽힌다. 무상증자란 주식을 주주들에게 공짜로 나눠 주는 것이다. 유일한 박사의 이념에 따라 유한양행 역시 벌어들인 이익을 주주에게 환원한다는 측면에서 주식을 공짜로 나눠주는 셈이다.

유한양행이 해 온 무상증자란 무엇일까? 증자增資란 기업이 자본금을 늘리는 것을 말한다. 자본금을 늘리면 그만큼 주식도 새로 발행하여 증가한 자본금의 주인에게 주어야 한다. 증자 방식으로는 주주가 돈을 회사에 넣고, 회사가 그 주주에게 주식을 발행해 주는 유상증자와 주주가 돈을 넣지 않더라도 회사가 스스로 자신의 자본금을 늘리면서 기존 주주들에게 주식을 발행해 주는 무상증자가 있다.

무상증자는 어떻게 가능할까? 돈을 받지도 않았는데 주식을 발행해 준다는 개념을 선뜻 이해하기 어렵다. 무상증자는 회계상으로 자본의 계정과목 사이의 대체로 이루어진다. 예를 들어, 1억원을 넣어 회사를 만들고 주식을 1주 받았다고 하자. 이 경우 자본금은 1억원, 발행주식은 1주다. 그리고 1년 동안 영업을 통해 1억원의 이익을 얻었을 경우 이 금액은 회계 곳간인 이익잉여금 계정으로 들어간다. 회계상 자본에는 1억원의 자본금과 1억원의 이익잉여금이 있다. 이때 1억원의 이익잉여금을 자본금 계정으로 대체하면서 주주에게 1주를 발행해 주는 것이 바로 무상증자다. 왼쪽 주머니에 있는 것(이익잉여금)을 오른쪽 주머니(자본금)로 옮기는 것과 비슷하다.

계정과목 사이의 대체에 불과하기 때문에 무상증자를 하기 전과 후의 자본총액은 동일하다. 무상증자 전에는 자본금 1억원과 이익잉여금 1억원으로 합계 2억원이었고, 무상증자 후에는 자본금만 2억원이 된다. 무상증자로 인해 주식 수만 1주에서 2주로 늘어났을 뿐 주식가치의 총액은 변동이 없다.

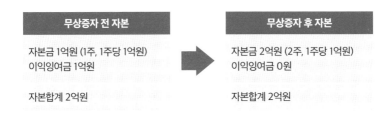

회사의 자본총액이 늘어나거나 주식가치가 증가하는 것도 아닌데 왜 무상증자를 하는 것일까? 무상증자의 가장 큰 목적은 시장에 회사의 재무상태가 양호하다는 신호를 보내는 데 있다. 보통 무상증자를 통해 주식을 나눠주면 시장에서는 그 회사의 재무상태가 양호하다고 인식하기 때문에 단기적으로 주가가 상승한다.

84

일본항공이 회생한 비결
무상감자

> 소선(小善)은 대악(大惡)과 닮아 있고,
> 대선(大善)은 비정(非情)과 닮아있다.
> — 이나모리 가즈오

2010년 1월 19일 일본에서 엄청난 사건이 일어났다. 일본 최고의 항공사 중 하나인 일본항공Japan Air Lines이 파산하여 법정관리를 신청한 것이다. 방만한 경영이 원인이었다. 당시 일본항공의 부채총액은 한화 약 20조 5,000억원으로 일본의 일반기업으로서는 최대의 파산이었다. 기업회생에 들어가더라도 다시 살아나기 힘들 것이라고 예측하는 사람이 대부분

^ 일본항공의 비행기

^ 이나모리 가즈오(1932~)

이었다. 일본항공이 회생하려면 영웅이 필요했다. 이때 영입된 사람이 바로 경영의 신으로 불리는 이나모리 가즈오 교세라 그룹 창업자다. 이나모리 가즈오는 단 1,155일 만에 일본항공의 회생을 종결하고 일본항공을 흑자회사로 재탄생시켰다.

이나모리 가즈오는 어떻게 일본항공을 탈바꿈시켰을까? 그는 일본항공이 법정관리에 들어가자 기존 주주들의 주식을 100% 무상감자하고, 일본 기업회생지원기구ETIC에서 신규로 3,000억엔을 출자한 후 강력한 구조조정을 수행했다. 이나모리 가즈오의 경영능력과 ETIC의 강력한 지원이 시너지를 발휘하면서 회생 불가능할 것만 같았던 일본항공은 채 3년도 되지 않아 회생에 성공했다.

일본항공처럼 어려움에 처할 경우 회사들은 종종 무상감자를 한다. 감자減資란 자본금과 주식 수를 줄이는 것을 말한다. 주주에게서 받은 자본금을 주주에게 돌려주고 주식 수를 줄이는 것을 유상감자, 주주에게서 받은 자본금을 돌려주지 않으면서 자본금과 주식 수만 줄이는 것을 무상감자라고 한다. 무상감자는 무상증자의 반대로 보면 된다. 무상증자가 왼쪽 주머니(이익잉여금)에 있는 것을 오른쪽 주머니(자본금)로 옮기는 것이라면, 무상

감자는 오른쪽 주머니(자본금)에 있는 것을 왼쪽 주머니(결손금)로 옮기는 것이다. 무상증자는 벌어들인 이익(이익잉여금)을 자본금계정으로 넣는 것이지만, 무상감자는 자본금을 떼어내서 결손금을 소멸시키는 것이다.

예를 들어, 1주당 5,000만원짜리 주식을 2주 발행하여 1억원의 자본금을 가지고 1년 동안 사업했지만 5,000만원의 손실을 보았다고 하자. 이때 자본항목에는 1억원의 자본금과 5,000만원의 결손금이 있다. 무상감자는 자본금 1억원 중 5,000만원을 떼어내서 결손금 5,000만원과 상계처리하는 방식으로 이루어진다.

무상감자 전 자본	무상감자 후 자본
자본금 1억원(2주, 1주당 5,000만원) 결손금 (-)5,000만원 자본합계 5,000만원	자본금 5,000만원(1주, 1주당 5,000만원) 결손금 0원(자본금 5,000만원으로 소멸시킴) 자본합계 5,000만원

무상감자는 왜 하는 것일까? 결손금이 있으면 재무상태가 좋지 않다고 인식되기 때문이다. 따라서 무상감자를 통해 결손금을 없애고 회사의 재무상태를 양호하게 바꾸기 위해 무상감자를 실시한다. 무상감자를 위해 자본금에서 5,000만원을 떼어내려면 주식병합을 해야 한다. 주식병합이란 '1주당 5,000만원짜리 주식 2주를 1주로 합치는 것'을 말한다. 기존 주식 2주를 1주로 줄이는 것이다. 이것을 2 대 1 주식병합이라고 한다. 주주 입장에서는 보유한 주식 수는 줄어들지만 주식가치는 5,000만원으로 동일하다. 무상감자 전 자본총액은 5,000만원(주식 수는 2주)이었고, 무상감자 후에도 자본총액은 5,000만원(주식 수는 1주)으로 같다.

무상감자를 해도 회계상 자본금만 줄어들 뿐 회사의 실제 자산이나 자본총액은 변하지 않는다. 대신 재무상태표상 자본에 표시되는 결손금이 줄어들기 때문에 재무상태는 건전해진다. 무상감자는 재무상태가 좋지 않은 회사가 시행하는 경우가 많아 주식시장에서는 통상 악재로 평가되지만, 무상감자 이후에는 재무상태가 좋아진 것으로 보아 주가가 반등하기도 한다.

| 결손금 |

기업의 경영활동 결과 손실이 발생한 금액을 누적하여 기록한 금액을 말한다.

반복하여 하고 있는 모습들이
나의 본 모습이다.
— 아리스토텔레스

세상에서 가장 비싼 주식은 어느 회사 주식일까? 바로 워런 버핏이 운영하는 투자회사인 버크셔 해서웨이 주식(A주)이다. 버크셔 해서웨이 주가는 2018년에 들어오면서 1주당 30만달러를 넘었다. 한화로 3억원 이상을 줘야 버크셔 해서웨이 주식 1주를 살 수 있다. 상장기업 주가로는 단연코

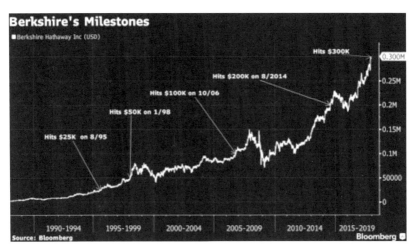

∧ 꾸준히 상승하는 버크셔 해서웨이의 주가 ⓒ블룸버그

세상에서 가장 비싸다. 버핏은 1962년 1주당 7.5달러에 버크서 해서웨이 주식 2,000주를 샀으니 그때를 기준으로 하면 주가가 무려 400만 배 이상 오른 셈이다.

버크서 해서웨이 주식은 상장되어 있지만 1주당 가격이 너무 비싸서 일반인들은 사고 싶어도 엄두를 내지 못한다. 이렇게 가격이 계속 오르는 주식은 부자만이 살 수 있는 주식으로 전락하고, 공개시장에서 거래되는 상장주식이라는 정체성마저 모호해질 수밖에 없다. 일반인들도 버크서 해서웨이 주식을 살 수는 없을까? 버크서 해서웨이 주식을 '액면분할'하면 가능하다.

액면분할이란 주식회사가 자본금을 증가시키지 않고 기존에 보유한 주식의 액면가액만을 떨어뜨려 총 주식 수를 늘리는 것이다. 예를 들어, 액면가액이 5,000원인 주식 1주를 액면가액이 500원인 주식 10주로 분할하여 주식수를 10배로 늘리는 것이 액면분할이다. 액면분할로 주식 수가 늘어나더라도 회사의 자본금이나 기업가치에는 변동이 없다. 단순히 주식 수만 늘어나고 액면가액만 줄어든다. 액면분할을 통해 버크서 해서웨이 주식 수를 지금보다 10배로 늘리면 현재 1주당 3억원인 주식가치는 1주당 3,000만원 상당으로 줄어든다. 1주당 주가는 10분의 1로 떨어지지만 주식 수가 10배 늘어나 기업의 전체 가치에는 변동이 없다. 대신 주식거래가 활발해진다.

우리나라에서도 1주당 주식가치가 비싼 주식들은 가끔 액면분할을 한다.

∧ 아모레퍼시픽 신사옥

1주당 주가가 280만원에 달하던 아모레퍼시픽도 2015년 액면가를 10분의 1로 낮추는 액면분할을 한 적이 있다. 280만원에 달하던 주가는 액면분할을 거쳐 28만원 수준으로 떨어졌고, 대신 주식 수는 10배로 늘어났다. 시가총액에는 변화가 없지만, 아모레퍼시픽 주식을 사려는 신규투자자들 입장에서는 당연히 1주당 280만원보다 1주당 28만원이 더 사기 쉬우므로 접근성이 높아진다.

무상증자를 하면 주식 수가 늘어나는 만큼 자본금도 늘어나지만, 액면분할은 자본금에는 변동이 없고 주식 수만 늘어난다는 점에서 차이가 있다.

| 액면병합 |

액면병합은 액면분할과 반대로 액면가를 높여 주식 수를 줄이는 것을 말한다. 예를 들어, 어떤 회사가 주식을 3 대 1로 액면병합을 한다는 것은 1주당 액면가액 100원인 주식 3주를 가진 주주에게 새로운 주식인 액면가액 300원짜리 1주를 주겠다는 뜻이다. 주식 수가 줄어드는 대신 1주당 액면가액이 100원에서 300원으로 증가하기 때문에 전체 자본금에는 변화가 없다.
액면병합을 하는 주된 이유는 싼 주식의 이미지에서 벗어나기 위해서다. 보통 1주당 주가가 1,000원 밑으로 떨어지면 주주들로부터 외면받는 경우가 제법 있다. 예를 들어, 1주당 주가가 500원인 주식을 3 대 1로 액면병합하여 유통되는 주식 수를 줄이면 1주당 주가가 1,500원까지 올라가 싼 주식의 이미지를 탈피할 수 있다.

회계정보의 창
전자공시시스템(DART)

움직이는 만큼 귀중한 정보가 들어오고
성공할 확률도 높아진다.
— 빌 게이츠

올바른 판단을 내리기 위해서는 정확한 정보가 필수다. 어떤 회사와 거래하려고 할 때, 취직하고자 할 때, 돈을 빌려주려고 할 때, 주식을 사려고 할 때 모두 그 회사에 관한 정보가 필요하다. 회사의 재무와 회계에 관한 정보는 반드시 확인해 보는 게 좋다. 기업의 회계에 관한 정보는 어디서 얻을 수 있을까?

기업의 회계에 관한 정보는 금융감독원에서 제공하는 전자공시시스템 DART*을 통해서 얻을 수 있다. DART는 상장법인 등이 공시하는 각종 보고서와 비상장법인의 감사보고서를 조회할 수 있는 종합 기업공시 시스템이다. 인터넷 검색포털에서 '금융감독원 전자공시시스템dart.fss.or.kr'을 입력하여 접속한 후 회사명을 입력하고 검색기간을 설정하면 해당 기업과 관련한 다양한 정보를 얻을 수 있다.

---

* 데이터 분석, 검색, 전송시스템(Data Analysis, Retrieval and Transfer System)

^ 전자공시시스템(DART) 검색화면

금융감독원에 따르면, 최근 5년간 투자자들이 DART에서 가장 많이
확인한 사항은 정기공시(45%)와 외부감사에 관한 정보(14%)다.

최근 5년간 공시유형별 조회 건수

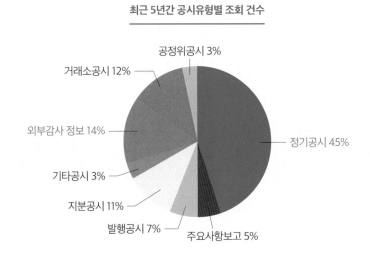

공정위공시 3%
거래소공시 12%
외부감사 정보 14%
기타공시 3%
지분공시 11%
발행공시 7%
주요사항보고 5%
정기공시 45%

출처: 금융감독원

정기공시 사항은 상장회사가 주주들에게 기업의 상황을 설명하기 위해 분기, 반기 또는 연간 기준으로 작성하여 공시하는 사업보고서를 말한다. 사업보고서에서는 기업의 역사와 사업업황, 영업실적, 지분구조, 배당내역 및 경영진과 임원 등에 대한 사항을 자세하게 설명한다. 외부감사인의 감사보고서도 필수적으로 첨부되어 있다. 대부분의 투자자들은 DART에서 회사의 사업보고서와 감사보고서를 보고 회사의 경영상황과 재무구조를 확인한 뒤 의사결정을 내린다.

금융감독원은 사업보고서에 다음과 같은 사항이 있는 회사에 투자할 때는 유의해야 한다고 지적하고 있다.

유의대상회사	이유
최대주주가 자주 바뀌는 회사	최대주주가 자주 변동되는 회사들은 재무상태 악화 등으로 상장폐지되거나 관리종목으로 지정될 위험이 있다.
임직원의 횡령이나 배임이 발생한 적이 있는 회사	임직원의 횡령 또는 배임이 발생할 경우 상장폐지 또는 관리종목으로 지정될 위험이 높다.
자금조달 시 사모방식의 비중이 큰 회사	회사채와 같은 공모방식보다는 차입금과 같은 사모방식의 자금조달 비중이 큰 회사는 재무상태가 악화되어 어려움을 겪을 가능성이 높다.

분식회계

웃는 얼굴은 좋은 화장일 뿐만 아니라 피 순환을 좋게 하는 효과가 있다.
웃음은 인생의 약이다.
— 알랭(본명: 에밀 샤르티에), 프랑스 철학자

　　인류는 언제부터 화장을 했을까? 네안데르탈인도 화장을 했다는 주장
이 있는 것으로 봐서 화장의 역사는 인류의 역사와 함께 시작되었다고도
볼 수 있다. 인류가 화장을 하는 이유는 자신의 얼굴이 지닌 단점은 최대
한 감추고 장점은 최대한 돋보이게 하기 위해서다.

　　기업들도 비슷한 목적으로 화장을 한다. 기업이 하는 화장을 분식회계
라고 한다. 분식회계 대신 회계부정Accounting Fraud이라는 용어를 사용하기
도 한다. 분식粉飾이란 가루粉를 발라 꾸민다飾는 뜻으로 화장을 한다는 의
미다. 분식회계Window Dressing란 기업의 회계처리 또는 회계장부를 있는
그대로 보여주지 않고, 화장으로 나쁜 것은 최대한 감추고 좋은 것은 더
돋보이게 해서 보여주는 것을 말한다.

　　기업들은 어떠한 방식으로 분식회계를 할까? 기업들이 분식회계를 하
는 목적은 재무상태가 더 좋아 보이도록 하려는 데 있다. 이를 위해 자산
은 늘리고 부채를 줄이며, 수익은 많이 그리고 비용은 적게 반영하는 방식
으로 분식을 한다. 또한, 당기순손실이 발생하더라도 경영성과가 좋아보

이도록 당기순이익이 발생한 것처럼 조작하기도 한다. 때로는 진행 중인 중요한 소송 또는 부채가 발생할 수 있는 지급보증 등과 같이 재무제표의 주석에 반드시 기재해야 하는 것들을 누락하기도 한다.

역사상 최대의 분식회계 사건 중 하나로 꼽히는 엔론Enron사와 같이 관계회사와의 거래를 이용하여 분식을 하는 경우도 있다. 엔론은 부실자산을 처리하기 위한 특수목적법인SPC: Special Purpose Company을 만든 후 SPC에 부실자산을 매각했다. 보유한 부실자산을 SPC에 높은 가격으로 매각함으로써 엔론은 손실이 발생하지 않은 것처럼 숨겼다.

영국 여왕 엘리자베스 1세는 어릴 때 천연두를 앓느라 생긴 얼굴의 흉터를 감추기 위해 얼굴이 창백해 보일 정도로 진하게 화장을 했다. 그러나 과도한 화장으로 인해 납중독이 생겨 얼굴은 더욱 창백해지고 더 흉측해졌다. 당시 여왕을 따라 화장을 했던 귀족 여성들 중에서는 이 때문에 단명한 사람들도 많았다. 기업들도 마찬가지일 것이다. 분식회계로 잠깐은 예뻐 보일 수도 있겠지만, 결국에는 자기 수명을 단축하는 지름길임을 알아야 한다.

▲ 엘리자베스 1세(1533~1603)

적정의견의 함정

세상 경험이 부족한 이들이 가장 쉽게 저지르는 실수 중 하나는
하나를 알면서 셋을 안다고 착각하는 것이다.
— 장 퐁텐느, 프랑스 시인

착각은 자유다. 문제는 착각은 오해를 낳고, 대부분의 오해는 불행이
나 비극으로 끝난다는 사실이다.

회계의 영역에서도 사람들이 흔히 하는 착각이 있다. 바로 회계감사에
서 적정의견을 받은 회사라면 좋은 회사일 것이라고 착각하는 것이다. '적
정하다'는 단어를 '좋다'고 착각하는 것은 '적정하니 좋다'는 오해로 이어진
다. 그러나 '적정하다'는 것이 '좋다'는 뜻은 아니라는 것을 알아야 한다. 적
정하다는 것은 '정도가 알맞고 바르다'는 뜻이다. 적정한 방법, 적정한 생
활수준, 적정한 농도, 적정한 임금 등을 표현할 때 사용한다. '좋다'와는 다
르다.

실제로 적정의견은 감사보고서에 어떻게 표현할까? 적정의견의 예시
는 다음과 같다.

우리의 의견으로는 회사의 재무제표는 주식회사 OOO의 2018년 12월 31일과 2017년 12월 31일 현재의 재무상태, 동일로 종료되는 양 보고기간의 재무성과 및 현금흐름을 한국채택국제회계기준에 따라 **중요성의 관점에서 공정하게 표시하고 있습니다.**

적정의견은 '회사의 회계처리가 회계기준에 따라 중요성의 관점에서 공정하게 표시하고 있다'는 의견이다. '중요성의 관점에서 공정하다'는 것은 의사결정에 영향을 미칠 정도의 회계기준 위반 또는 재무제표의 오류는 없다는 뜻이다. 이는 회사의 재무상황이 좋다거나 수익성이 뛰어나다는 뜻과는 거리가 멀다. 회사의 재무상태가 아무리 나빠도 회계기준에 따라 회계처리를 했다면 적정의견을 받을 수 있다.

따라서 회계감사에서 적정의견을 받더라도 재무상태가 좋지 않아 상장폐지되는 회사가 더러 있다. 실제로 적정의견을 받고도 2년 이내에 상장폐지된 회사의 수는 2015년 감사보고서 기준으로 41개사(약 2.1%), 2016년 감사보고서 기준으로는 46개사(약 2.2%)였다. 상장기업 중 매년 약 2% 전후의 회사가 증권시장에서 사라질 위험이 있음을 알 수 있다.

착각의 늪에 빠지지 않으려면 적정의견을 받은 회사의 감사의견 중 눈여겨봐야 할 부분이 있다. 바로 감사인이 감사의견을 제시하면서 특별히 '계속기업으로서 불확실성이 있다'고 강조한 법인들이다. '계속기업으로서 불확실성이 있다'는 말은 회사가 앞으로 계속 존속할 것인지에 대해 의문이 있다는 뜻이다. 이는 곧 회사가 망할 수도 있다는 의미를 내포한다. 따라서 적정의견을 받았지만 '계속기업 불확실성'이 강조되었던 법인들은 상장폐지될 위험이 훨씬 높다. 실제로 적정의견을 받았지만 2년 이내 상장폐지된 법인들 중 계속기업 불확실성 강조가 있었던 법인의 상장폐지 비율은 그런 강조가 없었던 법인들에 비해 2015년 감사보고서 기준으로는 4배 이상, 2016년 기준으로는 6배 이상 높았다.

적정하다는 것이 곧 재무상태가 양호하다는 것을 의미하지는 않는다는 사실을 명심해야 한다. 적정의견을 받은 회사에 투자하는 것은 자유지만, 적정의견을 받은 회사가 반드시 좋은 회사일 것이라는 오해는 금물이다.

| 회계감사의견 |

회계감사의견은 감사범위에 제한이 있었는지, 회계처리기준을 위배했는지 그리고 계속기업으로서 존속가능성에 문제가 있는지에 따라 적정의견, 한정의견, 부적정의견, 의견거절로 나뉜다.

구분	적정의견	한정의견	부적정의견	의견거절
감사범위의 제한				
경미	○			
중요		○		
특히 중요				○
회계기준의 위배				
경미	○			
중요		○		
특히 중요			○	
계속기업 존속가능성				
존속가능성 있으나 중요한 불확실성 존재				
- 적절하게 공시한 경우	○			
- 부적절하게 공시한 경우		○	○	
존속가능성 없음				○

목욕으로 부실을 씻어내다
빅배스(Big Bath)

이웃이 나를 마주할 때, 외면하거나 미소를 보내지 않으면
목욕하고 바로 앉아 스스로를 곰곰이 뒤돌아봐라.
— 故 김수환 추기경

파키스탄 신드Sindh 지역에서 발견된 모헨조다로는 기원전 4000년경으로 추정되는 인더스문명의 생활상을 보여주는 대표적인 유적지다. 특히 놀라운 것은 인류역사상 가장 오래된 공중목욕탕으로 꼽히는 거대 목욕탕 The Great Bath인데, 수로를 이용해 물을 끌어다 목욕탕을 만들어 사용했을 뿐 아니라 방수처리까지 되어 있어 인더스문명의 우수성을 잘 보여준다.

기업들도 과거를 깨끗이 정리하기 위해 가끔 목욕을 한다. 이것을 빅배스Big Bath라고 한다. 기업들이 빅배스라는 목욕을 하는 목적은 과거에

∧ 모헨조다로 유적지의 거대 목욕탕(The Great Bath)

누적된 손실이나 향후 발생할 수 있는 잠재적 부실들을 한꺼번에 회계장부에 손실로 반영하기 위해서다.

그러나 빅배스는 분식회계와는 다른 개념이다. 분식회계는 회계장부를 조작하여 현재의 부실을 숨기거나 이익을 부풀리는 것이지만, 빅배스는 그와 반대로 누적된 부실과 잠재손실을 모두 털어내어 장부에 제대로 반영하는 것이기 때문이다.

팔리지 않는 재고자산의 가치를 실제 판매가능한 가격으로 낮게 평가하여 장부에 반영하거나, 물건을 팔았지만 대금이 회수되지 않은 외상매출금에 대해 대손충당금을 충분하게 쌓는 등의 행위가 빅배스의 대표적인 예다. 기존에 이루어진 분식회계를 바로잡기 위해 사후처리 목적으로 빅배스를 하는 경우도 있다.

빅배스는 주로 경영진 교체시기에 후임자에 의해 이루어진다. 새로 교체된 경영진들은 빅배스를 통해 이전 경영진들이 경영하던 시절에 발생한 잠재적 손실을 미리 장부에 반영함으로써 향후 발생할지 모를 책임문제를 없앨 수 있다. 또한, 한꺼번에 손실을 반영함으로써 다음해의 실적을 더 크게 부각하는 효과도 얻을 수 있다. 부실 가능성이 높은 자산들을 손실로 처리하고 난 이후 그중 일부가 회수되면 다음 연도에 이익으로 반영할 수 있기 때문이다. 경영진이 교체되지 않더라도 올해의 부실을 내년까지 끌고 가지 않기 위해 마지막 분기에 빅배스를 하는 경우도 있다.

다음은 빅배스에 대해 언급한 2017년 칼럼의 일부다.

'빅배스 효과' 톡톡히 보는 NH농협은행…신용평가 UP

지난해 부실채권 정리(빅배스) 나선 농협은행

작년 10월 '부정적'이던 신용평가, 지난달 말 '안정적'으로 상향조정

NH농협은행이 지난해 과감하게 진행한 부실채권 정리(빅배스)의 덕을 톡톡히 보고 있다. 농협은행은 수익성 및 자산건전성 개선으로 지난해 10월 '부정적'으로 하향 조정됐던 NICE신용평가의 조건부자본증권(CoCo본드) 등급 전망이 지난달 29일 '안정적'으로 상향 조정되었다고 9일 밝혔다.

NICE신용평가 자료를 살펴보면 등급전망 상향 조정은 수익성과 자산건전성이 개선된 가운데 자본적정성도 우수한 수준으로 유지될 것으로 전망되는 점 등을 고려하여 이루어졌다. 농협은행은 지난해 과감한 빅배스 이후 2020년 국내 3대 은행으로의 도약을 목표로 경영혁신을 하고 있으며 이경섭 은행장이 직원들의 농심(農心)을 증대하기 위해 전국을 순회하며 특강을 한 것이 긍정적인 평가로 나타난 것으로 보고 있다.

이와 관련해 농협은행 관계자는 "이번 등급전망 상향 조정으로 더욱 안정적인 사업자금 조달과 수익성이 개선될 것으로 기대된다"고 말했다.

문화저널21 2017.10.9.

영화 〈쇼생크탈출〉의
빛과 어둠

1994년에 개봉한 영화 〈쇼생크탈출〉은 20년이 지나도록 여전히 많
은 사람들에게 사랑받는 명화다. 죽기 전에 봐야 하는 영화 순위에
도 항상 선정된다. 영화의 내용은 간단하다. 살인죄로 누명을 쓰고
악명 높은 쇼생크감옥에 수감된 주인공이 절박한 상황 속에서도 결
국 탈출에 성공한다는 스토리다. 줄거리는 다소 진부해도 주연들의
뛰어난 연기력과 감독의 멋진 연출력이 어우러지면서 고전명화의
반열에 올랐다.

20년이라는 시간이 흐른 지금까지도 이 영화가 사랑받는 이유는
뭐니뭐니해도 영화의 주제에서 찾을 수 있다. 꿈이나 희망처럼 사
람들이 절대 잊지 말아야 할 가장 소중한 가치를 이야기하기 때문
이다. 절박한 현실을 견딜 수 있는 것은 꿈과 희망 때문이며, 마음
속에 간직한 탈출이라는 소중한 꿈을 이루기 위해 꾸준히 실천한

결과 그토록 꿈꾸던 자
유를 얻게 된다는 영화
의 내용은 사람들에게
자신을 꾸준히 사랑하
고 스스로에게 충실하
며 희망이라는 끈을 놓
지 않으면 결국 환희를

▲ 영화 〈쇼생크탈출〉 포스터

맛볼 수 있을 거라는 생각을 심어준다.

그러나 이 영화가 던져주는 메시지에만 취했다가는 중요한 사실들을 간과하기 쉽다. 바로 주인공이 탈출이라는 꿈과 희망을 이루기 위해 동원한 수단들이 모두 불법이라는 사실이다.

주인공은 교도소장의 분식회계와 돈세탁을 도맡아 한다. 소장의 온갖 비리, 분식회계 그리고 자금 세탁을 통해 차곡차곡 쌓아둔 비자금을 그동안 법망의 허점을 이용하여 만들어 둔 가상인물을 통해 모두 인출해 간다. 주인공 입장에서는 오랜 기간 누명을 쓰고 보낸 고통의 세월에 대한 보상이었고, 이 모습을 본 관객들은 카타르시스를 느꼈다.

주인공이 자유를 쟁취하기 위해 사용한 수단은 불법이지만 사람들은 다른 방법이 없었다고 애써 무시한다. 현실에서 분식회계와 탈세라는 범죄를 저지른 사람들은 모두 엄청난 비난의 대상이 되는데 어째서 〈쇼생크탈출〉의 주인공만 면죄부를 받는 것일까?

주인공이 감옥에서 아무리 힘든 세월을 보냈다 하더라도, 무죄임에도 불구하고 억울한 감옥살이를 했다 하더라도, 꿈과 희망이라는 목적을 실현할 다른 방법이 없었다 하더라도 분식회계와 탈세는 범죄다. 목적을 위해 수단이 정당화되어서는 안 된다.

의사결정의 역사를 바꾼
회계 이야기

손익분기점(BEP)

반드시 죽고자 하면 살고 반드시 살고자 하면 죽는다.
한 사나이가 길목을 지키면 천명도 두렵게 할 수 있다.
— 이순신, 1597년 9월 15일(명량해전 전날)《난중일기》중에서

　　새로운 상품을 만들 때면 얼마나 팔릴 것인가를 고민하지 않을 수 없다. 새로운 영화를 만들 때 영화제작자의 최고 관심사 역시 "얼마나 많은 관객들이 이 영화를 볼까?"일 것이다. 그다음으로는 "손해를 보지 않으려면 몇 명의 관객이 영화를 봐야 할까?"일 것이다. 회계적인 측면에서 보면 첫 번째는 총매출에 관한 고민이고, 두 번째는 손익분기점BEP: Break even Point에 관한 고민이다.

　　손익분기점이란 무엇일까? 한국인들이 가장 사랑한 영화 〈명량〉을 통해서 알아보자. 2014년 개봉한 영화 〈명량〉은 1597년 정유재란 중 이순신 장군이 명량해협에서 단 13척의 배로 300척이 넘는 왜군을 무찌른 역사상 가장 위대한 해전을 배경으로 한다. 제작비만 해도 약 180억원 이상 들어간 대작이다. 이 영화가 손해 보지 않고 손익분기점을 맞추려면 과연 몇 명의 관객이 관람해야 했을까?

　　2014년 당시 관객 1인당 평균 영화 관람료는 8,000원 정도였다. 영화 관람료 8,000원이 전부 제작사에게 돌아가지는 않는다. 부가가치세, 영화

발전기금, 극장상영료, 배급사 수수료 등으로 1인당 5,000원 정도 비용이 발생하기 때문이다. 따라서 관객 1명이 영화를 볼 때마다 발생하는 비용 5,000원은 영화를 관람하는 관객 수에 따라 변동(증가)한다. 이와 같이 매출에 따라 변동하는 원가를 변동원가Variable Cost라고 한다.

1인당 매출액(8,000원)에서 변동원가(5,000원)를 빼고 나면 약 3,000원이 남고, 이 금액이 제작사에 돌아간다. 하지만 이 금액 역시 전부 이익이 되는 것은 아니다. 영화제작에 약 180억원 정도 비용이 들었기 때문이다. 이 비용은 이미 발생한 비용으로 관객 수에 따라 변동하지 않는다. 이와 같이 매출에 연동하지 않는 원가를 고정원가Fixed Cost라고 한다.

∧ 영화 〈명량〉 포스터와 스틸컷

손익분기점이란 손해 보지 않을 판매량을 말하는데, 〈명량〉의 경우 관객 1인당 3,000원 정도가 제작사측으로 들어온다고 했을 때 약 180억원의 고정원가를 회수하기 위해 필요한 관객 수가 손익분기점이 된다. 즉, 180억 원을 3,000원으로 나눈 값인 600만명이 제작사가 손해를 보지 않는 손익분기점 관객 수다. 실제 관객 수가 약 1,761만명이었으니 〈명량〉은 크게 흥행한 영화라고 볼 수 있다.

이와 같이 손익분기점은 제품 또는 상품 등의 제조에 들어간 비용을 고려할 때 손실이 발생하지 않는 최저 판매량 수준을 의미한다. 매출액과 총비용(변동원가+고정원가)이 같아지는 지점을 의미하므로 영어로는 Break even Point(BEP)라고 한다. 결국 BEP 분석은 손해를 보지 않는 최저판매량을 파악하여 해당 제품이 최저판매량 이상 팔릴 수 있을 것인가에 대한 분석이라고 할 수 있다. 새로운 상품을 만들 때 BEP 분석은 필수다.

스티븐 스필버그는
BEP 분석의 대가일까?

BEP 분석에 가장 성공한 사람은 스티븐 스필버그라고 할 수 있다. 스티븐 스필버그는 영화 〈파라노말 액티비티〉의 배급권을 사서 일부 각색하여 2009년 개봉했다. 〈파라노말 액티비티〉는 집 안에 카메라를 설치해 정체불명의 존재를 밝혀내려는 남녀의 이야기를 담은 저예산 호러 영화다. 총 제작비는 1만 5,000달러(한화 약 1,700만 원)에 불과했지만, 총수익이 1억 9,335만 5,800달러(한화 약 2,196억 9,000만원)에 달해 무려 1만 2,890배의 수익을 냈다.

이 영화의 배급권을 산 스티븐 스필버그는 최고의 BEP 분석전문가라고 해도 과언이 아닐 것 같다.

▲ 영화 〈파라노말 액티비티〉 포스터

지나간 일에 새로운 눈물을 흘리지 말자

매몰비용

이승에서 진심 어린 용서를 받은 자는
저승에서 다시 심판하지 않는다.
— 영화 〈신과 함께〉 대사 중에서

　　2018년에 가장 히트한 영화를 꼽으라면 단연 〈신과 함께〉일 것이다.
〈신과 함께〉는 국내 영화 중에서 유일하게 1편(죄와벌)과 2편(인과연)이 모두
천만명 이상의 관객을 모은 영화다. 지옥을 7개로 나눈 후 49일 안에 모두
무사히 통과해야만 환생할 수 있다는 스토리가 매우 신선하게 다가왔다는

∧ 영화 〈신과 함께〉 포스터

평을 받았다. 그런데 이 영화 대사 중 큰 울림을 주며 회자된 말이 있다.

"지나간 일에 새로운 눈물을 흘리지 말자."

이 말은 사실 고대 그리스 3대 비극작가 중 하나로 꼽히는 에우리피데스가 한 말로 원어는 '지나간 슬픔에 새로운 눈물을 낭비하지 말라'다. 지나간 과거에 얽매이거나 연연하지 말라는 뜻이다. 과거가 중요하지 않은 것은 아니지만, 지나간 과거에 발목이 잡혀서는 새로운 일을 제대로 할 수 없다. 과거가 미래의 의사결정에 영향을 주어서는 안 된다는 의미로 해석할 수 있다.

회계에서도 지나간 일에 새로운 눈물을 흘리지 말아야 하는 경우가 있다. 바로 투자의사결정을 내릴 때 매몰비용이 발생한 경우다. 매몰비용Sunk Cost이란 이미 투자한 시간과 노력, 돈 등을 의미하는 것으로 미래의 의사결정에 영향을 주지 않는 비용을 말한다. 이미 사용한 돈이기 때문에 향후 투자여부를 결정할 때 고려하지 않아도 된다.

매몰비용은 종종 기회비용과 혼동된다. 기회비용Opportunity Cost이란 현재의 대안을 선택할 경우, 선택하지 않은 다른 대안 중 가장 좋은 대안의 가치를 말한다. 매몰비용과 기회비용은 어떤 차이가 있을까?

예를 들어, 1,000만원을 투자해 와플기계를 구입하고 와플가게를 오픈했다고 가정해보자. 처음 몇 년간은 꾸준히 높은 수익이 나왔지만, 3년이 지나 와플기계가 노후화되어 수리가 필요한 상황이다. 이때 와플기계를 새로 구입하면 매달 600만원의 수익을 얻을 수 있고, 구입 대신 기존 기계를 수리해서 쓰면 매달 400만원의 수익을 얻을 수 있다. 어떤 의사결정을 내려야 할까?

여기서 투자와 관련한 의사결정을 할 때 제일 먼저 생각해야 하는 것이 매몰비용이다. 매몰비용은 최초에 와플기계를 구입할 때 들어간 비용 1,000만원을 의미하며, 이것은 향후 의사결정에 영향을 주어서는 안 된다. 와플기계를 새로 구입하기로 결정한다면 기존 기계를 수리해서 사용하는 경우에 얻을 수 있는 수익금액 400만원이 기회비용이 된다. 결국 매몰비용은 이미 투자가 완료되어 향후 의사결정에 영향을 미치지 못하는 비용을 의미하며, 기회비용은 선택하지 않은 안이 가져다줄 수 있는 가치로 보면 된다.

우리는 종종 "지금까지 들인 시간, 돈, 노력이 얼마인데!"라는 이유에 매몰되어 잘못된 선택을 한다. 의사결정을 할 때 매몰비용은 고려하지 말아야 한다. 지나간 일에 새로운 눈물을 흘릴 필요가 없다는 점을 꼭 명심하자.

미국 독립전쟁이 불러온 커피 소비 증가

공헌이익

포도주의 최종적인 결과는 잠이고,
커피의 최종적인 결과는 고양된 깨어있음이다.
— 하인리히 에두아르트 야콥, 《커피의 역사》 중에서

보스턴 차 사건Boston Tea Party은 미국이 영국으로부터 독립하는 계기가 되었다. 18세기 영국은 동인도회사가 북아메리카에 차tea를 팔 수 있도록 하면서 여기에 대해 세금을 거두었다. 차에 대한 세금 부과에 반대한 북아메리카 식민지 주민들은 동인도회사가 항구에서 차를 하역하지 못하게 막

∧ 보스턴 차 사건을 그린 석판화, 1846

왔다. 결국 1773년 12월 16일 북아메리카 주민들은 인디언으로 분장하여 보스턴항에 정박한 배에 실려 있던 홍차 상자들을 바다에 던져버렸다. 이 사건을 계기로 1775년 미국과 영국 사이에 전쟁이 일어났고, 긴 전쟁 끝에 1783년 마침내 미국은 영국으로부터 독립했다.

보스턴 차 사건 이후 미국에서는 차를 마시지 않는 것이 애국자의 의무가 되었다. '차 반대 히스테리'로 인해 반사이익을 얻은 것은 커피였다. 북아메리카의 커피 평균 소비량은 1772년 1인당 0.086kg에 그쳤으나 1799년에는 1인당 0.6kg을 소비했다. 무려 7배나 증가했음을 알 수 있다.

당시 보스턴에서 커피하우스를 운영했다고 가정해 보자. 하루 동안 만들 수 있는 커피는 총 200잔이고, 하루에 판매하는 커피는 100잔 정도로 1잔당 100원에 팔았다. 그런데 보스턴 차 사건으로 인해 갑자기 단체 주문이 들어왔다. 후식으로 차를 내놓던 옆 가게가 보스턴 차 사건의 여파로 커피하우스에 차 대신 커피 150잔을 주문한 것이다. 옆 가게는 대량 주문인 만큼 한 잔당 60원에 달라고 요청했다. 옆 가게에서 제안한 이 주문을 수락해야 할까?

먼저 이 주문을 수락하지 않으면 오늘 하루 동안 커피 100잔을 잔당 100원에 팔 수 있으므로 하루 매출은 1만원일 것으로 예상된다. 옆 가게의 주문을 수락하면 150잔은 잔당 60원에 옆 가게에 팔고, 일반 고객들에게는 50잔만 100원에 팔 수 있으므로 총 매출액은 1만 4,000원이 된다. 총 매출이 증가하니 이 주문을 수락해야 할까?

구분	옆 가게 주문을 수락하지 않을 경우	옆 가게 주문을 수락할 경우
커피 판매량	100잔 (일반판매)	200잔 (옆 가게 150잔 + 일반판매 50잔)
커피 매출액	10,000원	14,000원

주문 수락과 관련하여 올바른 의사결정을 내리기 위해서는 공헌이익을 알아야 한다. '공헌이익'이란 매출액에서 변동비를 차감한 금액이다. 변동비란 커피를 한 잔 팔 때마다 변동하는 원가를 말하고, 판매량에 연동하지 않고 발생하는 원가를 고정비라고 한다.

커피하우스의 경우 커피에 들어가는 원두, 물, 얼음, 우유 등(테이크아웃의 경우 홀더, 뚜껑, 빨대 등도 포함)은 변동비, 판매량에 연동되지 않는 임차료나 직원 인건비, 커피 머신의 감가상각비 등은 고정비다. 고정비는 커피를 팔지 않아도 어차피 발생하기 때문에 단기적인 의사결정에서는 변동비만 고려하면 된다. 즉, 단기적인 측면에서 옆 가게의 주문 수락 여부를 결정할 때는 매출액에서 변동비를 뺀 공헌이익을 기준으로 해야 한다.

커피하우스에서 판매하는 커피의 변동비가 잔당 30원인 경우와 잔당 60원인 경우를 계산해 보자. 잔당 변동비가 30원인 경우 옆 가게의 주문을 수락하면 공헌이익이 7,000원에서 8,000원으로 증가하지만, 잔당 변동비가 60원인 경우에는 4,000원에서 2,000원으로 줄어든다. 즉, 잔당 변동비가 60원일 경우 옆 가게의 주문을 수락하면 매출은 늘어나지만 남는 돈은 오히려 줄어든다. 따라서 잔당 변동비가 60원일 경우 공헌이익이 감소하기 때문에 옆 가게의 주문을 수락하면 안 된다.

구분	옆 가게 주문을 수락하지 않을 경우		옆 가게 주문을 수락할 경우	
커피 매출액	10,000원(100잔)		14,000원(200잔)	
잔당 변동비	잔당 30원	잔당 60원	잔당 30원	잔당 60원
총 변동비	3,000원	6,000원	6,000원	12,000원
공헌이익	7,000원	4,000원	8,000원	2,000원

이와 같이 매출액에서 변동비를 뺀 공헌이익을 계산하여 의사결정을 내리는 것을 공헌이익 분석이라고 한다. 공헌이익을 제대로 분석하지 않으면 매출액이 높아진다는 이유만으로 옆 가게의 주문을 수락할 가능성이 높다. 그러나 공헌이익을 분석해 보면 싼값에 많이 판다고 해서 반드시 이익이 나지는 않다는 것을 알 수 있다.

공헌이익 분석은 기업의 단기적인 의사결정에 활용된다. 단기적인 측면에서는 고정비는 통제 불가능하기 때문에 이를 배제하고 의사결정을 해야 한다. 그러나 장기적으로 의사결정을 할 때는 투자에 소요되는 고정비도 함께 고려해야 한다.

경제학자 케인즈가 돈을 번 이유
내부수익률(IRR)

우리는 장기적으로 모두 죽는다.
— 존 메이너드 케인즈

경제학의 대부로 꼽히는 존 메이너드 케인즈. 현대 거시경제학은 그가 1936년 발표한 《고용, 이자 및 화폐의 일반이론》에서 출발했다고 봐도 무방하다. 그는 가계나 기업의 잘못된 의사결정으로 인해 경제가 좌초할 위기에 처하면 정부가 적절히 개입해야 한다고 강조했다.

정부의 개입정책이 단기적으로는 효과가 있을지 몰라도 장기적으로는 효과가 없다는 비판에 직면했을 때 케인즈는 "우리는 장기적으로 모두 죽는다."라고 말했다. 장기적으로 모두 죽기 전에 단기적 처방에 불과하더라도 정부의 역할이 필요하다는 뜻이다.

놀라운 것은 케인즈가 위대한 경제학자였을 뿐만 아니라 뛰어난 투자자였다는 것이다. 그가 1927년부터 죽기 1년 전인 1945년까지 올린 연평균 투자수익률은 약

∧ 존 메이너드 케인즈(1883~1946)

93

9%에 달했다고 한다. 같은 기간에 대공황과 제2차 세계대전이 있었음을 고려할 때 대단한 수익률이 아닐 수 없다. 어떻게 투자했기에 이처럼 뛰어난 투자자가 될 수 있었을까?

케인즈가 주목한 것은 내부수익률이었다. 내부수익률IRR: Internal Rate of Return이란 투자의 수익금액이 투자비용과 같아져 투자의 현재가치가 0이 되는 수익률을 말한다. 예를 들어, 지금 100원을 투자하면 1년 후에 예상 수익이 120원이 된다고 할 때 이 투자안의 내부수익률은 20%다. 20%[100=120/(1+0.2)]는 1년 후의 120원과 현재의 100원을 같게 만드는 할인율(내부수익률)이다. 보통 내부수익률이 시장수익률보다 높을 경우 투자할 만한 가치가 있다고 본다.

내부수익률은 투자규모가 서로 다른 투자안을 비교할 때 주로 사용된다. 투자규모가 다른 투자안이 여럿 있을 경우 금액의 크기만으로는 어느 투자안이 나은지 제대로 비교하기 어렵다. 이 경우 내부수익률을 적용하면 투자안별로 수익률을 알 수 있어서 어느 투자안의 수익률이 더 높은지 비교할 수 있다. 케인즈는 내부수익률과 시장수익률을 비교하여 더 나은 투자안을 선택함으로써 투자의 귀재로 거듭날 수 있었다.

| 할인율 | 아리송한 회계용어 ┐

할인율이란 미래의 현금흐름을 현재가치로 평가할 때 적용하는 이자율을 말한다. 보통 정기예금이자율, 회사채이자율 등을 할인율로 본다. 예를 들어 할인율이 10%라고 할 경우 1년 후의 1억원은 현재가치로 약 9,091만원[1억원/(1+0.1)]이 된다.

94

조삼모사는 조사모삼과 다르다
현재가치(NPV)

장미꽃을 딸 수 있을 때 모아라. 시간은 쉼 없이 날아가는 것.
오늘 미소 짓는 이 꽃도 내일이면 시들어가리라.
— 로버트 헤릭, 영국 시인

조삼모사朝三暮四. 아침에 세 개, 저녁에 네 개라는 뜻이다. 중국 송나라의 저공이라는 사람이 원숭이를 키웠는데 그 수가 계속 늘어나서 도토리를 구하기가 쉽지 않았다. 저공은 원숭이들을 모아 놓고 "이제부터는 도토리를 아침에 세 개, 저녁에 네 개 주겠다."라고 했다. 원숭이들은 일제히 반발하고 나섰다. 이에 저공이 "그럼 아침에 네 개, 저녁에 세 개 주겠다."라고 하자 원숭이들이 좋아했다는 내용이다.

원숭이 입장에서는 그동안엔 마음대로 먹을 수 있었던 도토리를 하루에 7개밖에 못 먹게 된 것도 모르고, 단순히 아침에 저녁보다 더 많이 먹을 수 있다는 것만으로 기뻐한 것이다. 이렇듯 눈앞에 보이는 차이만 알고 결과가 같은 것은 모르는 어리석은 상황을 비유할 때 조삼모사를 쓴다.

그런데 좀 더 곰곰이 생각해보면 원숭이가 반드시 어리석다고만은 할 수 없다. 어째서일까? 도토리를 화폐라고 가정하고 저공의 질문을 다음과 같이 바꿔보자.

올해 세 개를 받고 내년에 네 개를 받는 것(1안)과 올해 네 개를 받고 내년에 세 개를 받는 것(2안) 중 무엇을 택할 것인가?

이 질문에서는 확실히 2안이 유리하다. 그 이유는 무엇일까? 바로 화폐의 시간가치 때문이다. 화폐의 시간가치란 화폐의 가치가 물가상승 등으로 인해 시간이 지날수록 감소한다는 뜻으로, 시간가치를 고려할 경우 동일한 화폐라면 하루라도 빨리 받는 것이 합리적인 선택이다.

이와 같이 투자의사결정을 내릴 때는 반드시 화폐의 시간가치를 고려해야 한다. 화폐의 시간가치를 고려하여 현재의 투자금액과 미래 현금흐름의 현재가치를 비교함으로써 투자 의사결정을 하는 것을 순현재가치법 NPV: Net Present Value이라고 한다.

예를 들어, 지금 1억원을 투자하여 빵집을 열면 10년간 매년 2,000만원씩 이익이 남는다고 할 때 빵집을 해야 할까, 말아야 할까? 이 의사결정을 할 때는 현재가치 평가가 반드시 필요하다. 만약 10년간 벌어들일 이익 2억원(매년 2,000만원)의 현재가치가 1억 2,000만원이라면 빵집을 해도 되지만, 8,000만원에 불과하다면 하지 않는 것이 좋다. 장기투자 의사결정을 할 때는 반드시 현재가치 평가를 통해 투자안을 검토해야 한다.

저공의 원숭이 입장에서 볼 때 도토리가 줄어드는 것을 받아들일 수밖에 없는 상황이라면, 현재가치 측면에서 조삼모사보다는 조사모삼이 합리적인 의사결정이다.

95

'이것'을 알면 전용기 타고 오페라 본다
EBITDA

사람에겐 불친절하지만,
신용카드에게는 모두 친절하다.
— 영화 〈귀여운 여인〉 중에서

리처드 기어와 줄리아 로버츠가 주연한 영화 〈귀여운 여인Pretty Woman〉
은 대표적인 신데렐라 영화다. 가난한 하류층 여자 비비안(줄리아 로버츠)이
돈, 명예, 외모 어디 하나 빠질 데 없는 매력적인 상류층 남자 에드워드(리
처드 기어)를 만나 사랑에 빠진다는 내용이다. 극 중에서 남여주인공은 데이
트를 하기 위해 전용기를 타고 로스앤젤레스에서 샌프란시스코까지 오페
라를 보러 간다. 에드워드의 재산이 어느 정도인지 가늠케 하는 장면이다.

에드워드는 어떻게 부자가 되었을까? 그는
인수합병M&A: Merger&Acquisition 전문가다. 재정
상태가 어려운 회사를 인수하여 구조조정을
통해 체질을 바꾼 후 비싼 가격으로 되팔아 부
를 축적했다. 에드워드는 향후 구조조정을 하
면 이익이 날 만한 회사인지 어떻게 알았을까?

1990년에 개봉한 이 영화는 1980년대를
배경으로 한다. 1980년대에는 차입매수방식

▲ 영화 〈귀여운 여인〉 포스터

323

LBO: Leverage Buy-Out의 인수합병M&A이 유행했다. 차입매수방식 인수합병 LBO M&A이란 기업을 인수할 때 실제 투자금을 최소한으로 하는 대신, 투자대상회사의 자산을 담보로 금융회사로부터 자금을 차입하는 방식으로 나머지 투자금을 조달하여 기업을 인수하는 방식이다. 차입매수방식으로 인수합병 시 의사결정을 할 때는 주로 EBITDA를 활용한다.

EBITDA는 이자·법인세·감가상각비를 차감하기 전 영업이익Earnings Before Interest, Taxes, Depreciation and Amortization을 말한다. 차입매수방식으로 기업을 인수할 때는 투자대금의 대부분을 인수대상회사의 자산을 담보로 차입한 금액으로 조달한다. 따라서 인수 대상 회사가 향후 영업을 통해 벌어들인 현금으로 차입금에 대한 이자를 갚을 수 있는지가 가장 중요하다. 이자를 부담하고 나면 이익이 남지 않을 가능성이 높으므로 세금은 크게 고려하지 않는다. 인수한 회사는 구조조정 후 다시 매각할 예정이라 추가로 설비투자도 하지 않으므로 감가상각비도 고려하지 않는다.

결국 LBO M&A 시 인수한 회사가 향후 구조조정 후 다시 팔 때까지 차입금에 대한 이자를 감당할 수 있는지를 평가할 수 있는 지표가 필요했다. 이 지표가 바로 '이자, 법인세, 감가상각비 등을 고려하기 전 영업이익', 즉 EBITDA다. EBITDA는 회사가 이자를 감당할 수 있을 만큼 현금을 창출하고 있는지를 평가하는 데 활용된다. 영업해서 벌어들인 현금으로 이자를 갚아야 하기 때문이다.

현재는 현금흐름표를 통해 영업활동으로 생기는 현금흐름을 파악할 수 있지만, 당시에는 현금흐름표가 없었기 때문에 EBITDA로 현금창출능력을 평가했다. EBITDA는 오랜 세월 현금창출능력에 기초한 기업가치 평가의 핵심기법이었고, 지금까지도 투자 및 가치평가를 위한 방안으로 여전히 활용된다.

EBITDA를 너무 믿지 마라
영업현금흐름(OCF)

96

> 감가상각비를 고려하지 않고 현금흐름과 EBITDA만
> 고려하는 경영자는 잘못된 의사결정을 내리는 셈이다.
> ─ 워런 버핏

앞서 EBITDA의 유용성에 대해 알아보았다. 그런데 현존하는 세계 최고의 투자자 중 한 명인 워런 버핏이 EBITDA의 유용성에 의문을 제기해 우리를 헷갈리게 하고 있다.

"EBITDA에 대해 언급하는 경영자를 보면 나는 깜짝 놀란다."

워런 버핏은 의심할 여지없이 현존하는 최고의 투자자다. 그가 운영 중인 투자회사 버크셔 해서웨이의 자산총액은 2018년 말 기준 7,079억달러에 달한다. 미국 네브래스카주 오마하 출신으로 전설적 투자자의 반열에 오른 그를 사람들은 '오마하의 현인Oracle of Omaha'이라고 칭한다. 빈민구제단체에 기부하기 위해 그가 주최하는 '버핏과의 점심'이 35억원에 낙찰될 정도다. 워런 버핏은 1965년부터 2014년까지 연평균 21.6%라는 전설적인 수익을 거두었다.

이렇듯 역사상 최고의 투자자 반열에 오른 워런 버핏은 왜 EBITDA에

대해 부정적일까? 그는 영화 〈귀여운 여인〉의 에드워드처럼 EBITDA를 이용해 부자가 된 것이 아니란 말인가?

워런 버핏은 EBITDA는 전능하지 않으며 장기적으로 기업의 가치를 결정하는 것은 당기순이익이라고 보았다. 현금흐름도 무시하면 안 되지만, 단기적인 의사결정을 할 때만 영업현금흐름을 살펴보는 것이 중요하고 장기적으로

ᴧ 워런 버핏(1930~)

는 결국 순이익을 중시해야 한다고 본 것이다.

버핏은 장기적인 의사결정에서는 EBITDA에서 고려하지 않는 감가상각비, 이자, 세금 모두가 중요하다고 본다. 기업을 인수한 후 설비투자에 현금을 사용하지 않는다면 감가상각비가 중요하지 않을 수도 있지만, 회사를 인수한 후 중장기적으로 경영하고자 한다면 설비투자는 매우 중요한 이슈다. 이는 반드시 감가상각을 수반하므로 감각상각비는 중요한 고려대상이 된다. 또한, 기업의 이익창출능력을 고려할 때 이자와 세금도 중요하다. 그런데 EBITDA는 이런 부분들을 전혀 고려하지 않으므로 장기적으로는 적절한 지표가 아니라는 것이다.

버핏은 단기적 지표로도 EBITDA보다 현금흐름표상의 영업현금흐름 OCF: Operating Cash Flow을 더 중시한다. 그는 왜 EBITDA보다 OCF를 중요하다고 보았을까? EBITDA가 생긴 배경에서 알 수 있듯이 차입매수방식의 투자에서는 이자지급능력을 파악하는 것이 중요했고, 이자를 지급하고 나면 이익이 거의 발생하지 않아 세금은 중요하지 않았다. 하지만 차입매수방식 이외의 투자에서는 이자, 세금 등도 중요한 요소로서 고려해야 한

다. 현금흐름표상의 영업활동으로 인한 현금흐름에는 이자비용과 세금 등이 모두 반영되어 있기 때문에 영업현금흐름이 더 나은 정보를 제공한다. 바로 이런 점 때문에 버핏은 EBITDA보다 OCF를 더 중요하게 보는 것이다.

회계상 가치평가 방법이 한 가지만 있는 것은 아니다. EBITDA도 나름의 장점이 있고 오랜 기간 사랑받은 가치평가방법이지만, 현금흐름표에 나타나는 영업활동으로 인한 현금흐름 역시 잘 활용할 필요가 있다.

경제적 부가가치(EVA)

이건 그냥 소화제일 뿐이다.
— 존 펨버턴, 코카콜라 개발자

코카콜라는 전 세계적으로 200여개가 넘는 국가에 수출되는 가장 인지도 높은 청량음료다. 1886년 미국 조지아주 애틀랜타의 약사였던 존 펨버턴은 두통과 숙취해소를 위한 자양강장제로 약을 만들었고, 그 약의 이름을 코카콜라로 정했다. 이후 여기에 탄산수를 첨가해 지금의 코카콜라가 되었다. 코카콜라는 130여 년 동안 전 세계인이 가장 사랑하는 청량음료로 자리매김했다. 2016년 기준으로 전 세계 코카콜라 매장은 2,000만 곳이 넘고, 브랜드가치는 약 80조원이 넘는다.

코카콜라에도 위기는 있었다. 1980년대 초 펩시가 공세를 펼치면서 코카콜라의 시장점유율은 계속 하락했다. 위기감을 느낀 코카콜라는 새로운 경영패러다임을 도입했다. 바로 경

∧ 존 펨버턴(1831~1888)

제적 부가가치EVA: Economic Value Added라는 경영성과지표였다. EVA는 세후영업이익에서 타인자본비용(대출이자)과 자기자본비용(예금이자)을 부채와 자본의 구성비율에 따라 가중평균한 '가중평균자본비용*'을 뺀 금액을 말한다. 즉, 기업이 영업활동으로 벌어들인 영업이익에서 세금을 빼고, 빌린 돈에 대해 지급하는 이자(대출이자)와 자기 돈에 대한 기회비용(자기 돈을 영업에 투자하지 않고 은행에 예금해 두었다면 얻었을 수 있는 예금이자)을 뺀 금액이 EVA다.

EVA = 세후영업이익 - 가중평균자본비용

EVA가 음수(-)라는 것은 영업이익으로 세금을 내고, 빌린 돈에 대한 이자를 갚고 나더라도 예금이자율 이상으로 수익을 내지 못한다는 뜻이다. 기업활동으로 가치를 창출하기 위해서는 세후영업이익이 가중평균자본비용 이상이어야 한다. 결국 EVA가 음수(-)라면 당기순이익이 양수(+)라 하더라도 더 나은 투자대안을 찾아야 한다. 적자만 아닐 뿐 예금보다 못한 수익을 내고 있다는 뜻이니까 말이다.

코카콜라는 EVA를 도입한 후 EVA 기준에 못 미치는 파스타, 인스턴트 등의 사업을 과감히 정리하고 EVA가 양수(+)인 청량음료 사업에 집중했다. 그 결과 위기를 극복하는 데 성공했고, 1987년부터 1995년 사이에 주가도 8배 가까이 올랐다. 코카콜라 이외에도 GE, AT&T 등 많은 기업들이 기업경쟁력 강화를 위해 EVA를 도입했으며, 우리나라에서도 많은 대기업

---

* 예를 들어, 대출이자가 5%고 예금이자가 3%라고 할 때, 투자자본(부채와 자본의 합계액) 중 부채 비중이 40%고 자본 비중이 60%라고 한다면 가중평균자본비용은 (3.8%(5%×40% + 3%×60%)×투자자본)이 된다.

들이 EVA를 경영성과평가의 지표로 활용하고 있다.

　　EVA는 영업이익을 기준으로 자본비용까지 고려하므로 주주 입장에서 기업의 수익성을 보다 정확하게 파악할 수 있는 개념이다. EVA는 기업의 재무가치 및 경영자 업적평가에 효율적인 것으로 인식되어 투자의사결정, 경영자보상평가, 업적평가 등에 널리 활용된다.

98

로봇회계사, 과연 인간세상을 감독할 것인가?

전통적 전문직은 해체되고, 전문가들은 대부분
전문성을 덜 갖춘 사람과 고성능 시스템으로 대체될 것이다.
— 리처드 서스킨드·대니얼 서스킨드,《4차 산업혁명시대 전문직의 미래》중에서

2016년 3월 인류를 충격에 빠뜨린 대사건이 일어났다. 구글이 개발한 최고의 바둑 프로그램 알파고와 인간 중 바둑에서 최고실력자로 꼽히는 이세돌 9단 사이에 벌어진 세기의 바둑대결에서 알파고가 승리했기 때문이다.

사람들은 바둑의 복잡한 전개구조로 인해 제아무리 인공지능이 대단하다고 해도 쉽사리 인간을 정복하지는 못할 것이라고 생각했다. 그러나 2016년 알파고가 이세돌 9단을 무너뜨리자 인류는 인공지능이 언젠가는 인간을 대체할 것이라는 사실을 받아들일 수밖에 없었다.

그렇다면 바둑만큼이나 복잡한 회계는 어떠할까?

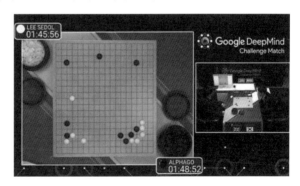

▲ 2016년 3월에 열린 알파고와 이세돌 9단의 대국 모습

언젠가는 로봇에게 회계 작업을 온전히 맡길 날이 올까? 미래 전문가들은 30년 후에는 회계업무 또한 AI가 대체할 것으로 보고 있다. 로봇이 회계처리를 하고, 재무제표를 작성하며, 회계감사 역시 수행하게 될 것이다. 인간세상의 회계감독을 로봇회계사가 맡는 상황이 도래하는 것이다.

리처드 서스킨드와 대니얼 서스킨드는 저서 《4차 산업혁명시대 전문직의 미래》에서 인간세상의 전문직은 계속해서 해체되고 공유재의 형태로 재편될 것이라고 보았다. 점점 더 똑똑해지는 기계와 상대적으로 전문성을 점점 덜 갖추게 되는 인간과의 공생이 언제까지 가능할지는 알 수 없다.

하지만 얼마 동안은 단순 회계업무는 로봇이 처리하더라도 복잡한 재무의사결정을 내리는 일까지 인공지능이 완전히 대체하기는 어려울 것이다. 단순히 숫자를 조합하는 분야를 넘어 복잡한 사회현상과 다양한 이해관계를 종합적으로 고려해야 하는 의사결정 분야에서는 아직까지 인간이 우위를 점하고 있지 않나 생각한다.

인공지능의 발달은 오히려 회계 투명성에 기여할 것이다. 인공지능이 학습을 통해 기업의 장부데이터를 분석하고, 재무제표를 해석하여 부정가능성을 점검해 제공하는 정보는 인간세상의 회계투명성을 높일 것이기 때문이다.

주식과 회계

나의 80%는 벤저민 그레이엄이고,
20%는 필립 피셔다.
— 워런 버핏

현존하는 최고의 투자자 워런 버핏은 투자뿐만 아니라 회계의 전문가
이기도 하다. 그는 저서 《워런 버핏의 주주서한》에서 무려 100페이지에
가까운 지면을 할애해 주주들에게 회계의 중요성을 역설했다.

버핏에 의하면, 기업의 내재가치는 투자와 기업의 상대적 매력도를 평
가하는 유일하고도 합리적인 방법이다. 기업의 내재가치를 알기 위해서는
회계의 이해가 필수적이다. 버핏은 주주서한을 통해 회계에 대해 다음과
같이 이야기했다.

> "회계 숫자는 기업의 언어이고, 따라서 기업의 가치와 실적을
> 평가하는 사람들에게는 큰 도움이 됩니다. 찰리와 나도 이런
> 숫자가 없으면 길을 잃어버릴 것입니다. 회계 숫자는 항상 우
> 리가 기업을 평가하는 출발점입니다."

워런 버핏이 스승으로 꼽는 벤저민 그레이엄과 필립 피셔 또한 회계의

중요성을 강조했다.

벤저민 그레이엄은 증권분석의 창시
자이자 가치투자의 아버지로 유명하다.
그의 저서 《현명한 투자자》는 아직까지
도 가치투자 분야의 교본으로 인정받고
있다. 그레이엄이 이 책에서 밝힌 투자
의 비법은 바로 '안전마진 투자기법'이
다. 한마디로 손해 안 볼 정도로 안전한
주식만 사라는 것이다. 그레이엄은 순
유동자산(유동자산에서 유동부채를 뺀 금액)의

∧ 벤저민 그레이엄(1894~1976)

2/3 이하 수준에서 시세가 형성된 주식이 안전하다고 여겼다. 특히 투자
자들이 결코 피할 수 없는 한 가지 위험은 실수할 수 있다는 것인데, 안전
마진을 고수하는 것만이 실수할 가능성을 최소화할 수 있다고 보았다.

또한, 그는 투자자들이 재무제표를 읽고 분석하는 능력을 키워야 한다
고 주장했다. 이것이야말로 정직하지 않을 수도 있는 재무제표의 정보에
현혹될 가능성을 최소화하는 유일한 방
법이기 때문이다.

워런 버핏의 또 다른 스승인 필립 피
셔는 성장주 장기투자의 전문가였다.
그가 저서 《위대한 기업에 투자하라》를
냈을 때 버핏은 이 책을 그 자리에서 다
읽고 곧바로 피셔에게 달려가 자문을
구했다고 한다.

피셔가 회계지표 중에서 가장 주목

∧ 필립 피셔(1907~2004)

한 것은 무엇이었을까? 바로 영업이익을 매출액으로 나눈 비율인 영업이익률이다.

　피셔에 의하면, 역사적으로 볼 때 최고의 수익을 올린 투자자는 오랜 기간에 걸쳐 매출액과 순이익이 전체 산업 평균보다 훨씬 높게 성장한 소수의 기업들을 찾아내 장기적으로 보유한 사람들이었다. 피셔는 그러한 기업을 찾을 때 중요하게 볼 회계지표로 영업이익률을 꼽았다. 장기적으로 투자수익을 극대화하기 위해서는 영업이익률이 높은 기업에 투자해야 한다고 본 것이다. 피셔는 회계지표 중 어느 기업이 영업이익을 충분히 거두고 있는지 그리고 영업이익률 개선을 위해 무엇을 하고 있는지에 주목했다. 그의 투자방식에서도 회계는 매우 중요한 역할을 했다.

회계는 정말로 더 이상 필요 없나?
회계의 유용성

> 기업의 가장 중요한 자산은 전략적 자원이다. 아이러니하게도
> 이런 전략적 자원의 대부분은 회계상으로는 인식되지 않는다.
> ― 바루크 레브·펭 구, 《회계는 필요 없다》 중에서

재무제표를 분석하면 기업의 가치를 제대로 평가할 수 있을까? 회계전문가조차 답하기 어려운 질문이다. 이 질문에 과감하게 "아니다."라고 답한 책이 있다. 뉴욕대학교 경영학과 교수인 바루크 레브와 버팔로대학교 회계학과 교수인 펭 구가 공동으로 집필한 저서 《회계는 필요 없다》가 바로 그것이다. 바루크 레브와 펭 구가 '회계는 필요 없다'고 본 이유 중 가장 큰 것은 무형자산과 같은 전략적 자원이 기업가치에 미치는 영향을 현재의 재무보고서가 제대로 반영하지 못한다는 점이다.

물론 재무제표에서 무형자산의 가치비율이 꾸준히 증가하기는 했다. 금융 자문과 전략 컨설팅 서비스를 제공하는 미국의 오션 토모Ocean Tomo는 2015년 S&P500 기업들의 시장가치를 유형자산(토지, 건물 등)과 무형자산(브랜드, 지적재산권 등)으로 구분하여 분석했다.

그 결과 1975년에는 전체 시장가치에서 유형자산이 83%, 무형자산이 17%의 비중을 차지했다. 하지만 2015년에는 유형자산의 비중은 13%로

줄고, 무형자산의 비중은 87%로 상승했다.*

S&P500 기업들의 시장가치 구성

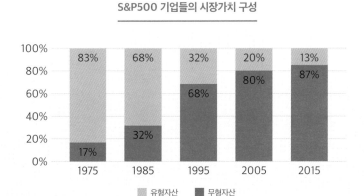

지난 40년간 기업가치를 창출하는 주된 자원으로서 무형자산이 급부상했지만, 회계에서는 아직까지 무형자산의 가치를 재무제표에 제대로 반영하지 못하고 있다. 또한, 무형자산의 속성을 고려할 때 금융자산보다 더 많은 정보가 공시되어야 함에도 불구하고 그러지 못하는 상황이다. 이런 문제들이 회계의 유용성 하락을 야기하고 있다.

진정한 기업가치가 회계상 유형자산이 아니라 기업의 전략적 자원에 해당하는 무형자산에 있다면, 무형자산의 내용을 평가하기 위한 정보의 제공은 기업에 대한 투자 의사결정에 필수적이다. 현행 재무제표 체계가 기업가치를 제대로 평가할 수 있는 정보를 제공하기 어렵다면 투자 의사결정에 유용한 비재무적 정보의 공시가 보다 중요한 역할을 해야 한다.

---

* Ocean Tomo(2015.5.3), "Ocean Tomo Releases 2015 Annual Study of Intangible Asset Market Value", 검색일 : 2018.5.23.

회계환경은 급속도로 바뀌고 있다. 4차 산업혁명으로 인해 지식·정보화 사회가 도래하면서 기업가치의 원천이 무형자산으로 옮겨가고 있으며, 기업의 자본에서도 회계를 기초로 한 재무자본 외에 지식자본, 인적자본 등 비재무적 자본개념이 등장하고 있다. 이러한 흐름에 발맞춰 회계 역시 현행과 같은 재무정보 중심에서 기업의 장기적 가치에 초점을 둔 정보 제공 방식으로 변화해야 한다는 주장이 설득력을 얻고 있다.

다시 말해 회계는 필요 없는 것이 아니라 변화하는 시대에 맞춰 새로운 방식으로 바뀌어야 한다. 역사를 통틀어 어느 시대든 회계가 필요하지 않은 적은 없었다.

삶의 균형을 잡아주는 복식부기 시스템

회계는 차변과 대변의 평형(균형)을 추구한다. 그리고 복식부기는 대차 평형을 이루는 데 결정적인 역할을 한다. 회계는 복식부기를 통해 자금의 조달과 운용이라는 대차가 평형을 이룰 수 있도록 거래를 기록하고 보고 하는 일련의 과정이다.

이는 회계뿐만 아니라 우리 삶에서 도 찾아볼 수 있다. 알랭 드 보통은 저 서 《우리는 사랑일까》에서 모순적인 마음을 차변과 대변에 비유하여 자세 히 설명했다. 그는 이 책에서 모순적인 마음을 '마음의 복식부기 시스템'으로 설명하고 있다.

∧ 알랭 드 보통(1969~)

주인공인 엘리스의 남자친구인 에릭은 선禪 철학의 고요함에 감탄하 면서도 규칙적으로 화를 낸다. 그는 체계가 잘 잡힌 것을 아주 좋아하지만 실제로는 자주 늦게 전화하고, 정신지체인을 돕는 단체에 기부하고 있지 만 바보들을 보면 참지 못한다. 어느 날은 사랑이 넘치지만 이튿날은 무관 심하고, 잘 공감해 주다가도 극도로 이기적으로 군다. 인간관계에 대해 통 찰력이 있지만, 자기 자신은 제대로 바라보지 못한다. 에릭은 자신의 마음 속 모순을 잘 다스리지 못해 결국 엘리스와 헤어지고 만다.

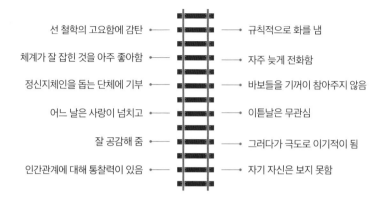

마음의 복식부기 시스템

선 철학의 고요함에 감탄	규칙적으로 화를 냄
체계가 잘 잡힌 것을 아주 좋아함	자주 늦게 전화함
정신지체인을 돕는 단체에 기부	바보들을 기꺼이 참아주지 않음
어느 날은 사랑이 넘치고	이튿날은 무관심
잘 공감해 줌	그러다가 극도로 이기적이 됨
인간관계에 대해 통찰력이 있음	자기 자신은 보지 못함

우리도 에릭과 마찬가지로 불균형한 또는 모순적인 상황을 늘 겪으며 하루하루 살아간다. 회계를 관통하는 핵심은 대차가 평형(균형)을 이루는 것이다. 대차의 균형을 추구하는 회계학의 사고는 인생을 보다 더 균형적으로 살기 위한 의사결정에도 많은 도움이 될 수 있다. 인생의 재무제표를 작성해 볼 수 있기 때문이다.

마음의 복식부기 시스템을 활용하여 인생 회계에서 행복이라는 자산이 불행이라는 부채보다 좀 더 많아지도록 노력하기, 일과 가정이라는 양립된 가치 속에서 대차균형을 잡을 수 있도록 하기, 어제보다 오늘 조금 더 나은 삶을 살면서 인생의 손익계산서에서 가치라는 이익이 늘어나도록 하기 등을 예로 들 수 있다.

회계는 숫자와 관련되어 있다는 이유만으로 늘 까다롭고 다가가기 힘든 분야로 인식되곤 하지만 사실은 그렇지 않다. 회계학적 사고를 배양하면 작게는 기업의 재무제표를 분석할 수 있고, 크게는 우리가 살아가는 경제 환경에 대한 이해의 폭을 넓힐 수 있다. 더 나아가 균형을 중시하는 회계학적 사고를 배양하면 인생에서 중요한 의사결정을 해야 할 때 제대로 된 결정을 내릴 수 있을 것이다.

이런 측면에서 헤르만 헤세가 던진 대차균형에 대한 통찰을 깊이 음미해 볼 필요가 있다. 노벨문학상 수상자인 헤세는 동서양의 철학, 종교, 사상 등에 대해 연구하며 인간의 내면과 양면성을 끊임없이 탐구한 끝에 오랜 철학적 통찰을 집약한 《싯다르타》를 집필했다. 그는 이 책에서 인생의 가장 중요한 깨달음은 진리의 대차균형이라고 했다.

∧ 헤르만 헤세(1877~1962)

"내가 깨달은 최고의 생각은
모든 진리의 반대는 마찬가지로 진리라는 것이다."

– 헤르만 헤세, 《싯다르타》 중에서 –

참고문헌

준비마당

재레드 다이아몬드, 《총, 균, 쇠》, 문학사상사, 2018.

앤드류 로빈슨, 《문자 이야기》, 사계절, 2003.

유발 하라리, 《사피엔스》, 김영사, 2015.

제이컵 솔, 《회계는 어떻게 역사를 지배해왔는가》, 메멘토, 2016.

이영림, 《루이 14세는 없다》, 푸른역사, 2009.

문갑순, 《사피엔스의 식탁》, 21세기북스, 2018.

주경철, 《대항해시대》, 서울대학교출판문화원, 2008.

아사다 미노루, 《동인도회사》, 파피에, 2004.

William Z. Ripley, "Stop, Look, Listen! The Shareholder's Right to Adequate Information", The Atlantic, SEPTEMBER 1926 ISSUE.

조권, 《회계는 어떻게 경제를 바꾸는가》, 흐름출판, 2017.

카를로 마리아 치폴라, 《중세 유럽의 상인들》, 도서출판 길, 2013.

데이비드 프리스틀랜드, 《왜 상인이 지배하는가》, 원더박스, 2016.

로버트 B. 마르크스, 《어떻게 세계는 서양이 주도하게 되었는가》, 사이, 2014.

쑹훙빙, 《화폐전쟁》, 알에이치코리아, 2008.

천위루·양천, 《금융으로 본 세계사》, 시그마북스, 2014.

왕웨이, 《금융이야기》, 평단, 2015.

중국CCTV(화폐) 다큐멘터리 제작팀, 《화폐경제》, 가나출판사, 2014.

권홍우, 《부의 역사》, 인물과사상사, 2008.

Matthew R. Garrison, "Conservatism in Accounting", University Honors Program, University of South Florida St. Petersburg, 2015.

友岡 賛, 《歷史にふれる会計学》, 有斐閣アルマ, 1996.

첫째마당

새뮤얼 나오 크레이머, 《역사는 수메르에서 시작되었다》, 가람기획, 2018.

김산해, 《길가메쉬 서사시》, 휴머니스트, 2005.

Jane Gleeson-White, 《DOUBLE ENTRY》, NORTON, 2011.

헨리 데이비드 소로, 《월든》, 열림원, 2017.

요한 볼프강 폰 괴테, 《빌헬름 마이스터의 수업시대》, 민음사, 1999.

루카 파치올리, 《1494 베니스 회계》, 다산북스, 2011.

조익순·정석우, 《사개송도치부법의 발자취》, 박영사, 2006.

Jack Goody, 《The EAST in the WEST》, Cambridge University Press, 1996.

Keith P. McMillan, "Science of Accounts: Bookkeeping Rooted in the Ideal of Science",
Accounting Historians Journal, Volume 25 Issue 2, 1998.

James Aho, Confession and Bookkeeping, State University of New York Press, 2005.

하인리히 에두아르트 야콥, 《커피의 역사》, 자연과상태, 2013.

둘째마당

에드워드 챈슬러, 《금융투기의 역사》, 국일증권경제연구소, 2001.

존 스틸 고든, 《월스트리트 제국》, 참솔, 2002.

윌리엄 셰익스피어, 《베니스의 상인》, 아침이슬, 2010.

주경철, 《대항해시대》, 서울대학교출판문화원, 2008.

박홍수, 《달리는 기차에서 본 세계》, 후마니타스, 2015.

전진문, 《경주 최부잣집 300년 부의 비밀》, 민음인, 2010.

마리오 리비오, 《황금 비율의 진실》, 공존, 2011.

박영순, 《커피인문학》, 인물과사상사, 2017.

Toshio Iino, "Significance of Realization Principle in Accounting",
The Annals of the Hitotsubashi Academy, 9(2), 1959. 4.

셋째마당

최정규, 《이타적 인간의 출현》, 뿌리와이파리, 2009.

이건표, 《주역 64괘 해제》, 북랩, 2014.

빌 로스, 《철도, 역사를 바꾸다》, 예경, 2014.

하인리히 에두아르트 야콥, 《커피의 역사》, 자연과상태, 2013.

하인리히 E. 야콥, 《빵의 역사》, 우물이 있는 집, 2005.

호리키리 도시오, 《도요타의 원가》, 한국경제신문, 2017.
중국CCTV 다큐멘터리 제작팀, 《기업의 시대》, 다산북스, 2014.
시드니 호머·리처드 실라, 《금리의 역사》, 리딩리더, 2011.
알리기에리 단테, 《단테의 신곡》, 황금부엉이, 2016.
워런 버핏, 《워런 버핏의 주주서한》, 서울문화사, 2014.
제롬 데이비드 샐린저, 《호밀밭의 파수꾼》, 문예출판사, 1998.

| 넷째마당

Izumi WATANABE, "The Evolution of Income Accounting in Eighteen and Nineteenth
Century Britian", Osaka Keidai Ronshu, Vol. 57 No. 5, January 2007.
켄 피셔, 《시장을 뒤흔든 100명의 거인들》, 비즈니스맵, 2009.
김도년·유윤정, 《기업의 거짓말》, 시대의창, 2018.
황이석, 《CFO 강의노트》, 서울경제경영, 2017.

| 다섯째마당

김병도, 《경영학두뇌》, 해냄, 2016
마크 팬더그라스트, 《매혹과 잔혹의 커피사》, 을유문화사, 2013.
최종학, 《숫자로 경영하라1》, 원앤원북스, 2009.
최종학, 《숫자로 경영하라2》, 원앤원북스, 2012.
최종학, 《숫자로 경영하라3》, 원앤원북스, 2014.
최종학, 《숫자로 경영하라4》, 원앤원북스, 2018.
워런 버핏, 《워런 버핏의 주주서한》, 서울문화사, 2014.
리처드 서스킨드·대니얼 서스킨드, 《4차산업혁명 시대 전문직의 미래》, 와이즈베리, 2016.
벤저민 그레이엄, 《현명한 투자자》, 국일증권경제연구소, 2016.
필립 피셔, 《위대한 기업에 투자하라》, 굿모닝북스, 2005.
바루크 레브·펭 구, 《회계는 필요없다》, 한스미디어, 1998.
Ocean Tomo(2015. 5. 3), "Annual Study of Intangible Asset Market Value",
http://www.oceantomo.com/blog/2015/03-05-ocean-tomo-2015-intangible-asset-
market-value/, 검색일: 2018. 5. 23.